生存所需的行政事務

經由實驗,我學會了以下這件事。
一個人若能自信地朝夢想的方向前進,
努力經營嚮往的生活,
可以獲得比一般還意想不到的成功。

出處:亨利‧大衛‧梭羅(Henry David Thoreau)著,
飯田實譯《湖濱散記》(*Walden*,岩波文庫)

生存所需的行政事務

作者／坂口恭平　漫畫／道草晴子

前言

與吉姆的邂逅

大家好，我是坂口恭平。說實話，現在我很難解釋我在做什麼，但這也是我自己選擇的路。

「不要只有一個收入來源」，這是我為了生存而想出來的「方法」。

書　音樂

我是作家，出版了40本書；我是畫家，創作並出售畫作；

我同時也是音樂人，發行了5張專輯。

我從小就喜歡做各種不同的事情。

但是，沒有計畫，隨心所欲地做喜歡的事，要這樣活下去，

其實並不容易。

所以我該怎麼辦呢？

這正是我要在本書裡談到的內容。

如今，我正在過著22歲時夢想的生活，

只做自己喜歡且想做的事，隨心所欲地行動。

我開始這個講座的原因之一，就是想回顧自己是如何實現這一點的。

首先，這次的主題是
「行政事務」這個詞。
行政事務
不管是誰，都有需要處理的行政事務。而我自己非常喜歡這些「行政事務」作業。
『事務』
像我這種注意力不集中、3 分鐘熱度的人，如果放著不管，就會搞不清楚自己原本想做些什麼，亂成一團。
正因如此，行政事務對我來說非常重要。
我目前的「工作」是寫作、繪畫和作曲等創作活動。
那麼，「行政事務」指的是什麼樣的作業呢？

首先對我來說，最重要的「行政事務」有兩項。
一是「時間管理」，二是「金錢管理」。
時間管理
金錢管理
把這些事情徹底「可視化」非常重要。
坂口恭平每月花費
2011年4月13日
合計
而這些「行政事務」和「創作行為」，亦即「工作」，並非各自獨立的作業。
創作
行政事務
事務
重要的是，「行政事務」其實是支撐創作工作的原點。
創作
行政事務
原點
為了讓大家理解這一點，我用自己為例子來說明。

我原本就決定要讀完 4 年大學。

但我完全沒去找工作，因為那不適合我。

大學首席天才去上班！？

你在說什麼傻話！

聽從別人的命令，做自己不想做的事，才能得到報酬，而且得到的報酬還不一定與付出的努力成正比，

錄取

也不會經常加薪。

這就是我心中對於上班的印象。

對我來說，這樣的生活實在太無聊了。

然而，當時我以為自己只有上班這個選項，所以感到非常絕望。
儘管如此，我還是不願意因為不安，就妥協去當個自己不想當的上班族。
那麼，我真正想走的路是什麼呢？
老實說，我也不清楚。
藝術？
音樂？
但我的確有一些想做的事情。我腦海中有一些印象。
0元住宅
只是具體來說，我不知道該如何將它們具象化。
0元住宅

這時候，「行政事務」就派上用場了。我很清楚自己在成為作家之前，其實先是個正經的「事務員」。
作家
事務員
正經的事務員
只要你想得到的事，都可以成真。只不過沒有人去嘗試罷了。
事務員
他如此說道。
這句話其實也是我用來吐槽什麼都不做的自己。
我以前是個默默無聞的吹牛王。沒什麼成就卻又愛說大話，真的很丟人。
我要留名青史！
我要成為大人物！
但作為事務員的我並不覺得這句話丟人。既然這麼想，接下來只需要去做就好了。
於是就有一名事務員在我心中登場了。他的名字是「吉姆」。

初次見面，您好。我叫吉姆。
然後吉姆便開始告訴我剛才的那段話。
只要你想得到的事，都可以成真。
只不過沒有人去嘗試罷了。
所以接下來，我將分享吉姆教給我的事。
每個人都可以實現自己腦海中浮現的事。
吉姆如此說道。

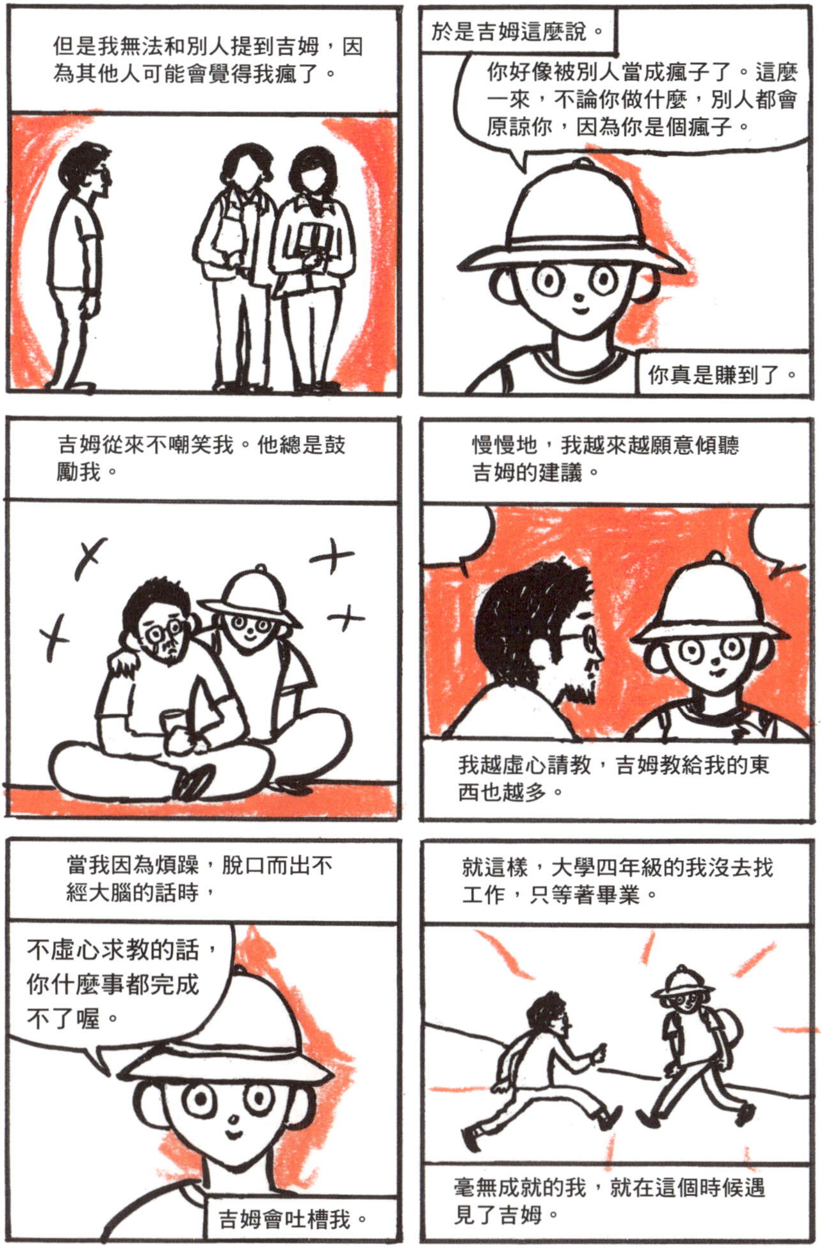
但是我無法和別人提到吉姆，因為其他人可能會覺得我瘋了。
於是吉姆這麼說。
你好像被別人當成瘋子了。這麼一來，不論你做什麼，別人都會原諒你，因為你是個瘋子。
你真是賺到了。
吉姆從來不嘲笑我。他總是鼓勵我。
慢慢地，我越來越願意傾聽吉姆的建議。
我越虛心請教，吉姆教給我的東西也越多。
當我因為煩躁，脫口而出不經大腦的話時，
不虛心求教的話，你什麼事都完成不了喔。
吉姆會吐槽我。
就這樣，大學四年級的我沒去找工作，只等著畢業。
毫無成就的我，就在這個時候遇見了吉姆。

第 1 講

行政事務就是整理「數量」的技術

前面說過默默無聞的我,大四時沒去找工作,只等著畢業,

然後遇見事務員吉姆的事了。

接下來我要說的是在那之後的事。其實真的十分順利呢。

吉姆不是樂天派。

要先做好最壞的打算。

但這並不意味著事情一定會朝不好的方向發展。

先做好最壞的打算,之後就輕鬆了。

怎麼說呢。吉姆好像經常處於放空狀態。

即使我很著急,他也不慌不忙的。

你不會不安嗎？
啊？什麼是「不安」？
我不知道吉姆是海歸子女還是外國人。
不安
恐怖
有時候他聽不懂日文，也不知道不安、恐怖等單字。
而且吉姆只做他自己想做的事，也就是只處理「行政事務」。
不過我是大學生，我完全不知道什麼是「行政事務」。
行政事務？
所以吉姆真的幫了我很多。我要利用這個講座告訴大家他如何在生活中幫助我。

啊啊,糟了。

怎麼啦?

我和吉姆開始同居了,就像哆啦A夢的故事一樣。

他總是用很溫柔的聲音跟急躁的我說話。

發生什麼糟糕的事了嗎?

吉姆完全沒有自己去賺錢的想法,所以只好由我來賺。

吉姆啊,我今年23歲,是無業遊民。原本我想當建築師,所以進入早稻田大學建築學系就讀,但那不適合我。

沒找到工作我就要畢業了⋯⋯

恭平先生,你想去哪裡上班啊?

我當然不想去上班啊。
公司真的很無聊。
所以你不去找工作，
這不是理所當然的嗎？
可是那怎麼辦啊。
咦？
接下來怎麼辦，難道你
不會計畫嗎？
我想當個藝術家。

難道當藝術家就不用計畫嗎?	你一直吐槽我,真的很煩耶。**藝術家不是越離經叛道越好嗎?**

於是——

恭平先生的「做法」不對喔。

不論什麼職業,事務員的工作都是不可或缺的。

吉姆就說了。

舉例來說,難道你以為藝術家畢卡索只憑直覺生活嗎?	難道不是嗎?

一提到畢卡索，大家應該都會想到立體主義。他之所以能畫出立體派的作品，好像同時捕捉了人物的正面、背面和側面，

那是因為在那之前，他的「玫瑰時期」系列作品很成功。

他將這些作品賣給收藏家換得金錢，才能無所畏懼，自由地挑戰新的作品風格。

在與攝影師布拉塞的對談中，他也提到為了持續創作自己想做的作品，

「成功是必要的」。

畢卡索為了賣畫謀生，也畫了大量迎合收藏家喜好改變作風的作品，

如此才得以活下來。

現代的草間彌生老師也一樣。她的生活雖然好像與世隔絕，

其實她也成立了基金會。

第1講　行政事務就是整理「數量」的技術　**017**

所以，所有的藝術家其實都聘僱了事務員哦。
吉姆，你怎麼突然變得那麼博學多聞啊。
不過這些資訊還真的是很重要呢。
我開始慢慢地有點尊敬吉姆了。
……
還有馬歇爾・杜象也一樣。
DUCHAMP
吉姆拿起我放在書架上的杜象作品集。
你知道你喜歡的這位藝術家，他是如何維持自己的生計嗎？
DUCHAMP
啊？我不知道。他不是靠賣畫嗎？

杜象曾一度停止繪畫，之後很長的時間他都沒有發表任何作品。
他先前一直在創作大型作品，可是他本來就不是大富豪。
你知道布朗庫西這位雕刻家嗎？
Brâncuşi
吉姆，對不起。我不知道……
你真的想成為一位藝術家嗎？藝術家可不能這麼無知啊。
杜象是布朗庫西這位雕刻家的畫商。
DUCHAMP
杜象嗎？

那位把小便斗放在美術館展示的人，
竟然靠當雕刻家的畫商謀生？
DUCHAMP
是啊。他一邊反對「網膜藝術」，
一邊用他人的好作品賺錢。
他可能只是在扮演一個謎樣
人物也說不定。
杜象的這種行為，與其說是
藝術家，
反而比較像是一位
事務員。
吉姆的話真是讓我茅塞頓開。
……
我雖然想成為創作者，卻沒想過該
如何實現。
我發現這樣下去不行，決定改
變心態，向吉姆學習。
我決定改變自己。

吉姆，請你教我「做法」。
當然沒問題。我雖然不懂藝術，但只要你具備「行政事務」的能力，
應該也可以成為藝術家。
那首先我應該做什麼才好呢？
「行政事務」的工作中，重要的是「時間管理」
時間管理
金錢
與「金錢管理」。
「時間管理」與「金錢管理」？
?
我好像有聽沒有懂啊……
這有什麼關係呢？
時間與金錢？

不過我很信任吉姆，所以我決定虛心請教。
虛心是很重要的特質。
越虛心，越會發生計畫之外的樂趣。
「時間管理」與「金錢管理」，你比較在意哪一個？
時間管理
金錢
應該先是「金錢」吧。
我知道了。那麼我們就先來想一想「金錢」吧。
金錢
首先，你一個月需要多少錢？

咦？要多少呢？
有錢就用，沒有錢就不用。我一直過著這樣的生活……
你是初學者，這也是沒辦法的事。
不過「金錢」也好「時間」也罷，如果不把它可視化，你就不能掌握它。
首先你要知道「數量」。
而整理這個「數量」的技術，就是我現在要教你的「行政事務」。
「行政事務」＝整理「數量」？
對。我們慢慢來吧。首先你要先把需要多少錢，具體化成肉眼可見的形式。

你的房租多少錢？
28,000 日圓。距離高圓寺站走路 8 分鐘，衛浴公用，4 塊半榻榻米大的房間。
28,000 日圓
高圓寺
走路8分鐘
在東京都正中央，房租不到 30,000 日圓，我覺得很划算哦。
你還有什麼其他的花費？
我平常沒在記帳，
所以我自己也不知道啊。
沒記帳也沒關係。做得太詳細的話，時間就都花在行政事務上了，
那就無法工作了啊。
……吉姆教的「行政事務」還真輕鬆。這樣真好。我先寫下來看看。
就這樣，我把自己一個月的花費寫出來了。

坂口恭平（23 歲）
一個月的花費

房租	28,000 日圓
手機	7,000 日圓
餐飲費	30,000 日圓
定期票	5,000 日圓 （高圓寺～新大久保）
助學貸款	17,000 日圓
國民年金	17,000 日圓
水電費	7,000 日圓
合計	111,000 日圓

什麼東西都不買，花費就已經超過 10 萬日圓了耶⋯⋯
這些費用你都會全額繳交嗎？
沒有，年金和助學貸款我儘量拖著少交，但健康保險我一定乖乖繳。
助學貸款
助學貸款
保險
那就先申請「暫緩償還助學貸款」和「暫緩繳納年金」吧。
只要申請暫緩繳納，雖然將來還是必須繳，但至少現在不會被請款。
助學貸款
暫緩繳納
等到一切上了軌道，行有餘力了，再開始繳納即可。

總之現在就先全部去申請吧。
對了，去年你有上醫院嗎？
醫院
沒有，去年沒生什麼大病，頂多就是
感冒一下而已，所以沒上醫院。
那健康保險不繳也沒
關係了。
可是這樣做有點可怕啊。
好吧，那就算了。總之助學貸
款和年金先申請暫緩繳納，
¥77,000
一個月的花費就只需要 77,000
日圓了。
前提是不買任何東西也
不喝酒啊……
77,000 日圓的話，只要你去申請
社會福利金，就有 10 萬日圓了，
生活費
77,000日圓
福利金
100,000日圓
= ¥23,000
這樣你就有 23,000 日圓可以
買東西了。

突然覺得這樣好像可以過得很優雅耶。
完全不工作好像也沒關係呢。
一個月
23,000
日圓……
那就請你填寫社會福利
申請表吧。
社會
福利申請表
不過還是去工作好吧？
至少可以動一動身體。
申請社會福利，你就可以一天
24 小時全部投入創作哦？
社會
福利申請表
如果可以像吉姆一樣看得
很開就好。
不過動一動身體，心情也會
比較好，所以我要工作啦。
明明是藝術家，你倒是很認真耶。
是吉姆你太超然物外了啦。

那你只要一個月打工賺 8 萬日圓左右就可以了，所以請你做 8 天日薪 1 萬日圓的工作。
8万
日給 1万
好啊。幕張的活動會場準備工作是按日計酬的短工，一天 8 小時的工作，
日薪 3 萬日圓，那我一個月去做個 4 次吧。
恭平，這樣就對了。請你盡可能縮短「勞動」的時間。
因為它會妨礙你「工作」。
因此我就去面試打工工作了。
我想找工作。
按日計酬的短工。
這種工作好像隨時打電話去，下一週就有工可以打了。
請你想打工的時候打電話來。
就這樣，三兩下就解決了金錢問題。

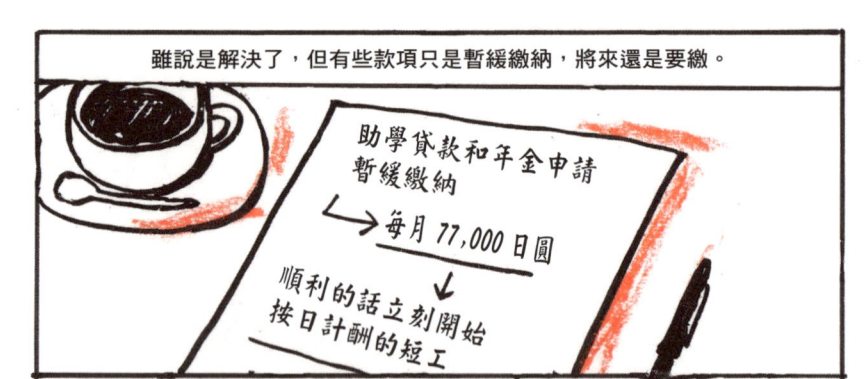

雖說是解決了，但有些款項只是暫緩繳納，將來還是要繳。

助學貸款和年金申請
暫緩繳納
→每月 77,000 日圓
↓
順利的話立刻開始
按日計酬的短工

即使如此，做出以後再繳的決定後，我還是鬆了一口氣。

吉姆縮短打工時間的想法，也鼓勵了我。

……

而且不過是寫出來，我好像就看得到金錢的「數量」，內心也比較輕鬆了。

我本來就不是浪費的人，就算減少勞動的時間，

我的生活也不會有問題。

我其實更應該做的是，徹底把時間花在「工作」上。

不過在這個時間點，其實我還不知道……

自己的「工作」是什麼。

030　生存所需的行政事務

好了，恭平，那接下來⋯⋯	不知從什麼時候開始，吉姆跟我說話不用敬語了，不過我決定不在意這種小事。 我想這是因為在我眼中，吉姆已經慢慢變成可以信任的傢伙了吧。
還有一個重點。我想設定「時間」，請你再拿一本筆記本來。	我拿出一本筆記本。 我在畫素描時經常使用它。
現在我們就穿越時空，前往未來。 吉姆一邊這麼說，一邊從背包中拿出白袍來。	我們來 Back to the Future 吧。 吉姆慢慢翻開了我的筆記本封面。

第 1 講　行政事務就是整理「數量」的技術　　031

第 2 講
把現實描繪在筆記本上

前往未來的時光機,就是這本筆記本哦。

吉姆手中翻著我拿來的筆記本,一邊這麼說。

把空白筆記本說成是時光機,這個人絕對有病。

才剛開始信任吉姆的我,狠狠瞪了這個口吐狂言,

狠瞪

又像是哆啦A夢一樣寄食的傢伙。

所謂的「行政事務」~

家計簿

不就是用家計簿記帳嗎?

你這樣和我說得天花亂墜,

其實就只是想賴著白吃白喝吧。

然而，吉姆不但不生氣， 還擺出一臉不痛不癢的表情。	那這樣的話就算了。
說完這句話後，吉姆就一言不發 躺下來看漫畫《17歲青春遁走》了。	**這個無所事事的傢伙！！** 我終於忍不住開口抱怨了。
我會這樣也是有理由的。我今年23歲。大學畢業至今還找不到工作。 我是個無業遊民。	原本父母也以為我上了大學，畢業之後就可以找份工作， 誰知我卻變成萬人嫌，也沒有人可以和我討論。

然而，不是我自大在誇獎自己的畢業論文， A+++ 0日圓住宅 坂口恭平 那可是調查街友的大作，還得到一等獎。	結果我沒上研究所， 去上班?!　你開什麼玩笑！ 當然也沒去上班。
其實我很討厭考試。 所以沒去參加任何公司的徵才考試。	可能是因為我害怕。 不過，時間卻不等人。
到了大學畢業後的春天，我終於成為一個── 9,000日圓 錢包裡只剩 9,000 日圓的無業遊民。	老實說，我真的很不安。 我都已經這麼不安了，吉姆還在我這裡白吃白喝，一毛錢都沒出。

而且他也不會煮飯。
父母雖然沒有給我錢，
越光米
2kg
但會定期寄米來給我。
我用新米煮一鍋飯，然後在白飯上放上超商買來的海底雞，
再擠上美乃滋，撒上粗胡椒粉。
海底雞
粗胡椒粉
超美味海鮮
丼飯完成！
我只有胡椒粉，我堅持用料理大師用的好東西。這樣就可以做出
一碗不遜於米其林一星料理的超美味海底雞海鮮丼飯。
吉姆還理所當然地吃了。
一邊看著漫畫《17 歲青春遁走》。
然後他一臉茫然，
我的工作已經
結束了啊。
裝傻地這麼說道。

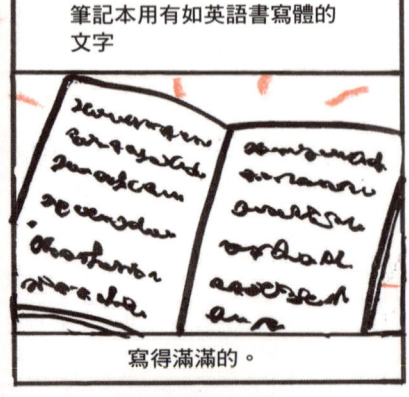

蛤?工作? 你到底做了什麼工作啊。	為什麼我一個沒有工作的無業遊民, 反而要照顧有工作可做的你啊。
你這樣說好像也對耶。 吉姆從他那有點髒的背包裡拿出一本筆記本。	筆記本用有如英語書寫體的文字 寫得滿滿的。
吉姆,你還好嗎? 你是不是生了什麼病啊?	這本筆記本就像是電影中常出現的,被關在精神病院的流浪者, 用來寫下自己的妄想的筆記本。

036　生存所需的行政事務

我很健康哦～～～
我幫你介紹醫院吧？
謝謝你的關心。不過我很健康。
我也從來沒上過醫院。
而且我老家沒錢，我也沒繳過健康保險費。
健康保險證
不過沒問題的。我從來沒生過病。
我有點在意吉姆的過去。
不過我決定現在還是先不要問。
……
說不定他有個很慘烈的人生。
我爺爺是個怪人，
爺爺
他什麼都想實驗看看。

當然，我想這也是因為家裡沒錢啦。
浴缸
我家沒有浴室。因為爺爺說洗澡會生病。
爺爺說沒有動物會洗澡，所以他也一直沒有洗澡。
他雖然不洗澡，不過經常用手擦拭身體。
他教我如果覺得身體有味道時，擦香水就好。
他會去百貨公司試擦香水，然後什麼都不買就回家。
我們絕對不洗手。
因為我們深信洗手會感冒。
因為這樣，我上學時從來不曾因為感冒而請假。
請假單
只有不惜請假也有想做的事的時候，我才會請假。
他說得如此斬釘截鐵，我都快要信以為真了。
……
看來吉姆家從小就是家徒四壁啊。

我好像莫名其妙地被鼓勵到了。 …… 聽了讓人好心疼好想哭。	那麼，這本筆記本是什麼呢？
這個嘛，這是我的論文。	裡面記載著我一直以來針對「行政事務」的研究。 生存所需的行政事務
會這麼做，也是遵照了我爺爺的囑咐。	什麼樣的囑咐啊？

第 2 講　把現實描繪在筆記本上　039

爺爺說,為了學會什麼而努力,那都是白費力氣。 他說需要努力的事,不做也罷。	你爺爺也太極端了吧。 而且他還不洗澡。
你說的沒錯。爺爺是個很溫柔的人, 所以才能把我培養成一個不卑不亢的人。	如果你真的喜歡一件事,其他都不做也會越來越厲害,所以就做那件事就好。 總之,爺爺說不要做無謂的努力。
所以吉姆喜歡的事⋯⋯ 就是「行政事務」嗎?	我是長大以後,才知道自己喜歡的是事就是「行政事務」。 爺爺他徹底追求不花錢的人生,所以所有的管理工作都是由我來做。

爺爺連飯都不太吃。	咦？斷食嗎？
也不是。只要看到可以吃的野草，就算是長在別人家的庭院裡，他也會去採來吃。	啊？現在那樣做可是犯罪行為啊。
才不會。爺爺可受歡迎了，他是個正直的人。	家附近哪個河邊有野草，他一清二楚。 而且他也會去有種果樹的人家，做些園藝工作，所以野草隨他吃。

第 2 講　把現實描繪在筆記本上　041

步入老年後,國中小學還會邀請他去免費演講,

大家好。

「災害時的野草和果實」

講題是「災害時的野草和果實」。

你爺爺好像很偉大耶。

現在這個時代沒有像你爺爺那樣的人了,真讓人擔心。

所以,我把爺爺說過的話,

全都記錄下來了。

我很擅長而且喜歡在筆記本記錄大小事,

像是爺爺放著不管的家計和時間管理、日報、文件。

對於這麼做的我,

爺爺都稱呼我為作家。

那麼那本筆記本呢？
這是我從 10 歲開始寫，連續寫了 10 年的論文，
生きのびるための事務
題目是「生存所需的行政事務」。這本已經是第 30 本了。
吉姆，原來你是作家啊。
是的，沒錯。
你靠這個賺錢嗎？
咦，那你有出版作品嗎？
沒有，我不擅長那種事，所以沒做。
毅然
決然
所以你才待在我家啊。
就是這樣。

不過話說回來，我們剛剛
是在說什麼啊？
筆記本啊。
我腦中一片混亂，不過吉姆腦袋
好像很清楚。
他很快地把話題轉回了
「行政事務」。
對了對了。
BACK TO
THE FUTURE
好像說到用筆記本前往未來，還是
BACK TO THE FUTURE 之類的。
對啊。筆記本就是時光機。
Note
筆記本可以描繪未來。
不用筆記本也可以描繪
未來吧？

來試試看吧。	不，我覺得不行。 你要試試看嗎？
10 年後？嗯，我到時候在做些什麼呢？ 我其實……很想當個作家。	那就從 10 年後開始吧。 10年後 恭平，10 年後你在做些什麼呢？
看吧。只能描繪在筆記本上， 未來就會出現。	那你現在看得到未來自己成為作家的樣子嗎？ 唉，我看不到耶。只是有這樣的希望而已。

第 2 講　把現實描繪在筆記本上

搞什麼啊。我一頭霧水。
哎呀，吉姆，你再說簡單一點啦。
誰叫你老是一再試探我。
請你坦然地聽我說。
吉姆的話語
好像正中了要害。
我真的一直在懷疑他說的話。
……
雖然我還不是完全相信他，但我決定暫時先不要反駁他。
那我們就先來描繪現實吧。
現實的一天
OK，來試試吧。

第 2 講　把現實描繪在筆記本上　047

然後我覺得肚子餓了，就吃了一碗海底雞海鮮丼飯，然後去澡堂洗澡。
8點開始聽了幾張邁爾斯．戴維斯（Miles Davis）的專輯，做了一些筆記。
晚上12點睡覺，5點起床，
然後讀書、還有看畫冊到上午9點。
之後到了別人都去上班的時間，什麼都不做讓我覺得很不安，
所以我也跟其他上班族一樣出門搭車。
我挑了一個喜歡的地方下車，在那裡拍些自己喜歡的風景照，
拍到下午1點左右，然後看著照片畫畫。
然後我彈著吉他，寫一些沒打算賣的歌。反正很快樂，這樣就好。
PM4:00
這樣就到下午4點了。
結果，看吧……
就像吉姆說的一樣，我真的把自己現在的現實描寫出來了。

2001年4月13日

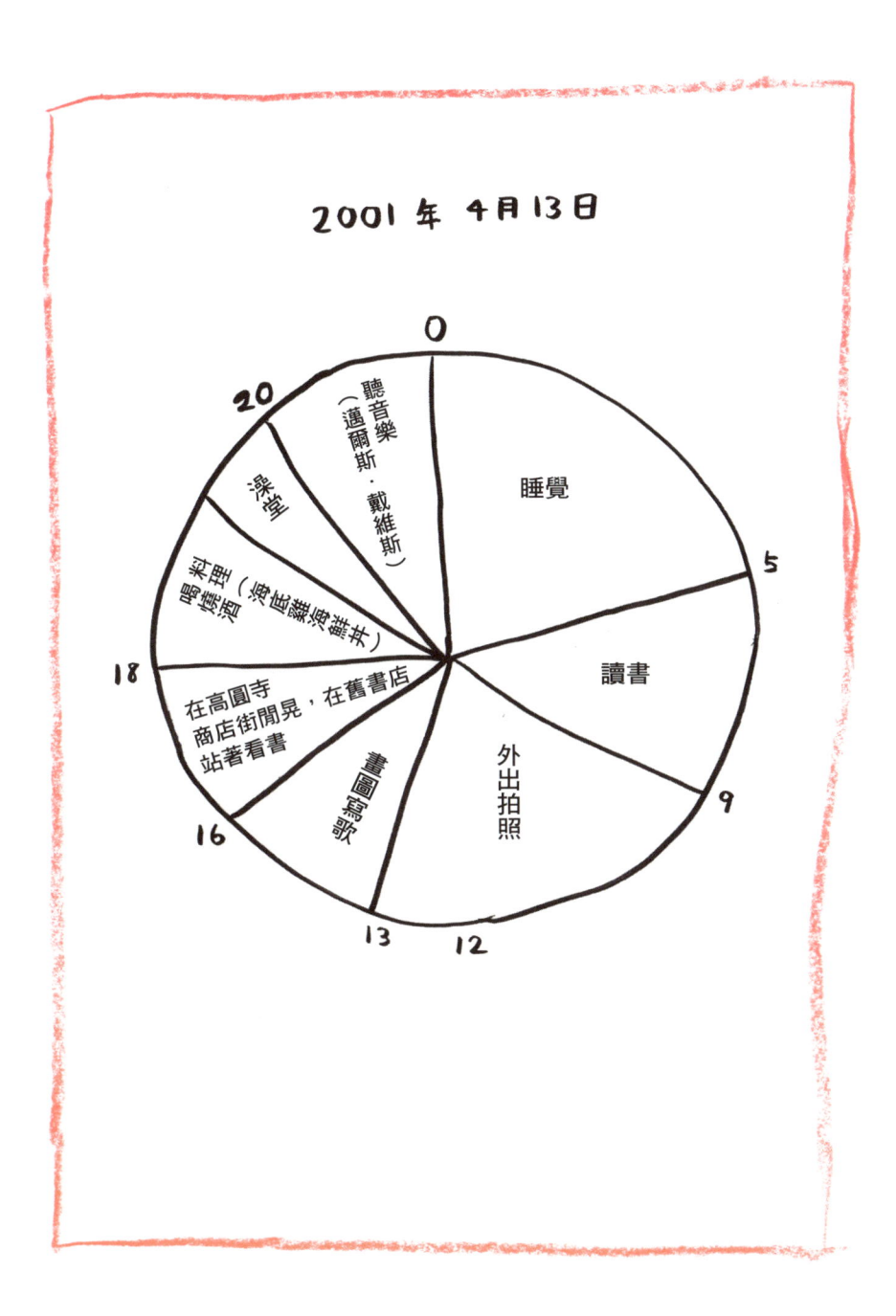

- 0: 聽音樂（邁爾斯·戴維斯）
- 5: 睡覺
- 9: 讀書
- 12: 外出拍照
- 13: 畫圖寫歌
- 16: 在高圓寺商店街閒晃，在舊書店站著看書
- 18: 喝燒酒、料理（海底雞漁鮮丼）
- 20: 澡堂

這就是現在的你。
原來如此。雖然簡單，不過我可能沒有這樣認真想過……
現實中的自己到底做了什麼事。
光是想也沒有用。
你很快就會忘了。
現實只能寫在筆記本中。
好像越來越有趣了。
就是這樣。那麼也把你的財產
9,000日圓
9,000 日圓寫在下面吧。
我想，在這個當下，我變得更坦然了。
我本來就喜歡有趣的事，所以只要有趣，我就會虛心求教。

一旦誠實地面對吉姆所說的， 我突然發現他的話其實很簡單易懂。	如果有人問你是什麼樣的人？ 你就把這本筆記本給他看就好了。
我明白你在說什麼了。	很好。那我們就再往前一步吧。 你已經知道該如何描繪 10 年後的未來了吧？
我了解。只要一樣在這個圓裡面， 具體寫下每個時段自己在做什麼就好了吧。	你越來越聰明了耶。 那就開始吧。

第 2 講　把現實描繪在筆記本上　　051

第 3 講

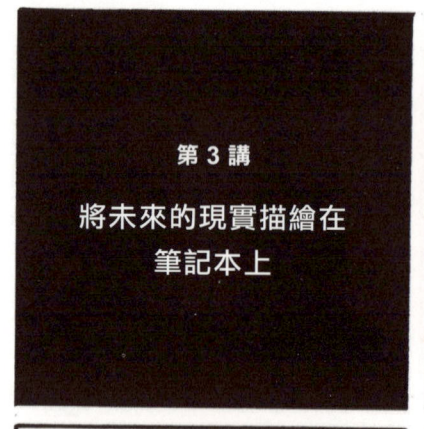

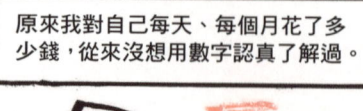

將未來的現實描繪在筆記本上

就是把自己 10 年後某一天的生活寫下來,對吧?

我這樣問吉姆。

我覺得自己慢慢掌握到要領了。

對。

我明白了。

原來如此。

我的確「知道」現實中的自己。

不過,都是模模糊糊的。

原來我對自己每天、每個月花了多少錢,從來沒想用數字認真了解過。

這一點讓我嚇了一跳。

我現在甚至會想,自己到底是怎麼活到現在的啊。

這樣的我,可能正中吉姆下懷吧。

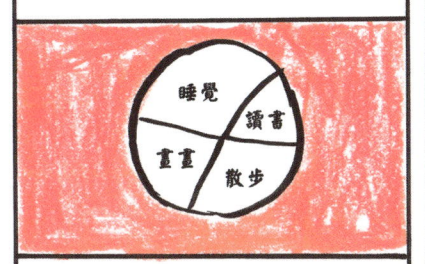

眼下我正在過什麼樣的生活， 我應該從來沒有把它寫在筆記本上。	我曾寫下哪一天自己做了什麼事。 但如何具體分配一天24小時的時間，我從來沒有認真去想過。
這樣的我真的有辦法工作嗎？ 如果是打工，可能沒有問題。	因為去打工自然就決定了幾點要做什麼事， 我也可以隨時把它寫下來吧。
話是這麼說，可是已經23歲的我， 至今連兼職都沒做過。	不過我想到了。其實我有工作過。 我為什麼把它忘了呢？因為它不是打工，而是沒錢的工作。

我因為想當建築師，而進入早稻田大學理工學部建築系就讀。
學徒
我想應該有些工地現場的經驗比較好，就想到去當木工師傅的學徒。
可我找了半天，沒有木工師傅在收學徒。
所以我後來是怎麼做的呢？當時還有黃頁電話簿、市區電話簿等，
會依行業將電話號碼分門別類整理好。
所以我就呆呆地從上到下，
喂
您好
照順序一個一個打電話去問。
不過當時好像經濟很不景氣。
我們這裡不需要學徒！
我到處吃閉門羹，不過我一點也不氣餒。

我打了 100 通電話左右，終於找到一位木工師傅。
他叫笠井，是道地的東京人，對人總是愛理不理的。
笠井夫婦
笠井夫婦沒有子女，63 歲了還是夫婦二人一起生活。
過去他沒收過學徒。可能是因為寂寞吧，他還細心養育不小心闖入工地的鴿子，
幫牠取名鳩子，是個很溫柔的人。
我說我不用領薪水，
只希望他能在工地好好鍛鍊我。
這是個很好的方法。
無償工作並非只有缺點，甚至可以成為優勢。
因為這樣可以如自己所願，去想去的工地，不用顧慮。
而且他還給我一整套工具耶。

那麼，你為什麼會想到木工師傅呢？
對耶，為什麼啊？
總之，在你找到木工師傅的那個階段，行政事務就已經在你心中萌芽了。
你當時真的是坦率、開朗地勇往直前呢。
啊，對了，是「計畫」！
不錯不錯，你注意到關鍵了。
因為笠井先生真的是很厲害的木工師傅啊。
計畫
他每次要上工前，一定會做「計畫」。
很強的木工師傅都有計畫能力，換句話說，他們的「行政事務」能力可是非比尋常。

對啊，笠井先生連房子都可以自己設計，
只不過去接工作來的人還是建築師。
雖然大家都會說建築師是創意人，
可是一個完全不懂工地現場的人，他的創意根本派不上用場。
這一點，笠井先生就比建築師聰明，他會藏拙，不露鋒芒，
不向建築師抱怨，默默完成被交代的工作。
不過老實說，他其實每天一早就已經在車子裡全部交代我了。
今天……
沒問題。
那就是工作的「計畫」。
這麼一來工作流程都很順，而且我也可以學得很快。
與其摸黑走在路上，不如帶支手電筒才不會迷路，如果有地圖，那就更好了。
光是這樣做，工作就會變得十分輕鬆。

有天，我看到在灌漿打地基的工作人員。 「你給我住手！」 我對著他發飆了。	明明是個什麼都不懂的小學徒，我竟然發飆了。所以我很快就感到不安。 我很喜歡你這種直爽的態度。
因為真的交給木工師傅的話，其實只要在石頭上豎起木頭，就可以蓋房子了啊。 所以我覺得竟然有這種「建築基準法」的規定，真的很奇怪。	你應該覺得，笠井先生也會感到生氣吧。 咦？他沒生氣嗎？
他只是默默把我拉開， 帶我回到自己的工作崗位。	不過當天要回家的時候，我一上車他便說道： 你真是個有趣的傢伙啊。

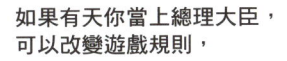

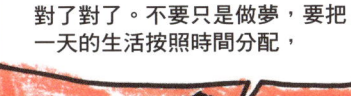

第 3 講　將未來的現實描繪在筆記本上

你想幾點起床呢？
清晨 5 點起來吧。
早上做自己喜歡的事，真的會有一種幸福的感覺。
在「將來的現實」裡，請不要放上不快樂的事，連一秒鐘都不要放。
5:00
那早上 5 點起床，你想做些什麼事呢？
我想當作家寫稿。
那就早上 5 點起床寫作吧。你要吃早餐嗎？
不吃早餐才不會浪費時間。總覺得早上 9 點前做完工作，心情會很好。
然後我要抽根菸，一邊喝咖啡，一邊躺著讀書。
哪裡的咖啡呢？

我朋友去巴西，交了一個在農場工作的好朋友。他說那邊的咖啡豆是最棒的，
所以他自己買生豆，用平底鍋烘培。他叫荷西。
荷西是個窮鬼，沒錢開店，
但他周遭的朋友定期會跟他買咖啡豆，所以他一直有錢去進貨。
然後他就在全國到處流浪，烘焙好豆子後賣給咖啡廳，以此維生。
我也有向荷西買豆子，我希望 10 年後也能喝到他的咖啡啊。
真好。像這樣連細節都有具體的決定，這一點很重要。
COFFEE
那荷西的咖啡豆要多少錢呢？
荷西的咖啡豆 1 杯 100 日圓。1 天喝 2 杯，1 個月大概是 6,000 日圓吧。
在「將來的現實」中加入具體的金額數字，可以讓「將來的現實」更接近「現實」。
9 點到 10 點之間的 1 小時，一邊喝荷西的咖啡，
一邊休息。

然後我想畫畫。
什麼樣的畫呢？
現在我在畫工筆畫，不過我也想用有色鉛筆畫自己拍的照片，這樣也很有趣。
我想畫各式各樣的畫。
那我們就安排 10 點到 12 點為畫畫時間吧。
10:00
12:00
要留午餐時間嗎？
不，我想一邊散步，順道去超商買個飯糰，一邊吃一邊想下一個計畫。
接下來是音樂，我想作曲。
那你想花多少時間在音樂上？
作曲出乎意料地花時間，所以大概要 4 個小時左右吧。
好，那這樣就到下午 5 點了。

然後我想泡個澡。那時應該不用再跑去澡堂了，
家裡應該有浴缸了。
七早八早下午 5 點就泡澡啊～應該很舒服吧！
不過原則上，請你全部只做讓自己心情好的事就好。
可是，這樣賺得到錢嗎？
那怎麼辦？要把賺錢的事放進來嗎？
我不知道將來會怎樣，不過照現在的想法，我想到時候可能會有連載原稿之類的事吧～
連載
原稿
有一些商務工作好像比較安心啊。
那下午 5 點到 7 點就用來處理接到的工作吧。這樣一天的工作就結束了！
接下來就是悠閒地吃個飯，然後晚上 9 點上床睡覺。
然後到隔天上午 5 點，可以有 8 個小時的睡眠。
這樣就完成了！

2011年 4月13日

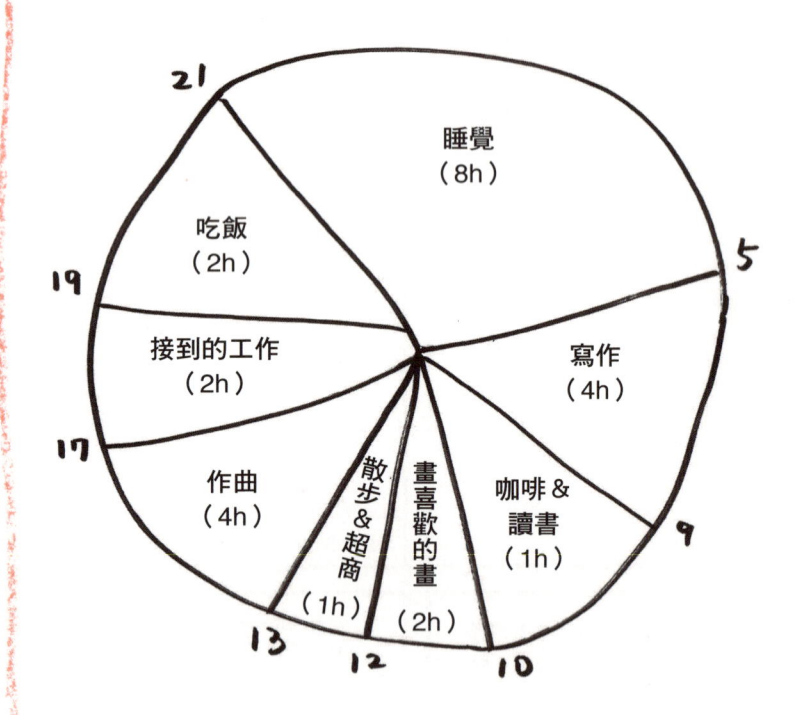

睡覺（8h）

吃飯（2h）

接到的工作（2h）

作曲（4h）

散步＆超商（1h）

畫喜歡的畫（2h）

咖啡＆讀書（1h）

寫作（4h）

21
19
17
13
12
10
9
5

你現在知道，將來的夢想其實
怎樣都無所謂了吧？
我懂，我真的懂了。
不能老是做將來的美夢。
現實
夢想
因為在「將來的夢想」之前，
還有「將來的現實」。
連「將來的現實」都不知道，
只是傻傻追逐虛無飄渺的夢想，
結果就是一事無成，迷失自己。
「將來的夢想」虛無飄渺，
但只要寫在筆記本上，
就可以輕鬆顯示出「將來的現實」
會是什麼樣子。
這實在是太厲害了！
你說對不對啊，吉姆？
不過，實際動手做了之後，你會
不會覺得這件事怎麼會──
這麼簡單明瞭啊？

確實。未來的每一天也都一樣是24小時，

現實就是如此。

對。恭平今後不是只會隨便說自己想當作家，而是決定每天早上5點起床，

接著到9點為止一直都在寫稿。

當作家就是這麼一回事。

作家不是為了賺錢而寫書。絕對不是這樣。

因為吉姆也是一個持續寫作的作家啊，不輸《烏龍派出所》。

可以不斷地連載。

是的，沒錯。雖然我連1日圓都沒賺到。不過我很幸福。

因為我只做了自己想做的事，而且沒有因此遭受到任何困擾。

這樣不是太棒了嗎？

恭平也可以這樣。因為你的將來有很明確的願景。

看不清楚現實，當然不可能看得到夢想啊。 我周遭很多人不清楚自己將來的夢想，所以他們才去上班的吧。	既然看不到「將來的現實」，應該也無法讓那份工作發展得更好吧。 這就是錯誤的開始。
我如果教他們寫下未來的24小時自己在做些什麼， 可能就不會發生這種事了吧。	沒錯。把自己知道的事、自己獲得幫助的事教給別人，自己會變得更熟練。 「行政事務」也會有所成長。
成長？	對。如果你持續創作作品，你的技術一定也會越來越好吧。

第 3 講　將未來的現實描繪在筆記本上

「行政事務」也一樣。
持續就會越來越熟練。

這樣一來，你也可以描繪出現階段畫不出來的「將來的現實」。

這樣才能描繪「將來的夢想」！

當然。我們也不能小瞧了「將來的夢想」。

等「將來的現實」確實扎根在「現在的現實」中，

現實　夢想

之後就會朝著「將來的夢想」前進。

讓「現實」與「夢想」並存，那才是我們想要的人生。

現實
夢想

所以我們得先讓「現實」站在自己這一邊。

真的很容易懂耶，吉姆。

068　生存所需的行政事務

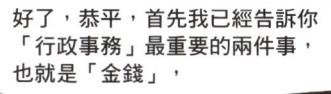

好了，恭平，首先我已經告訴你「行政事務」最重要的兩件事，也就是「金錢」， 以及現在與未來的「時間管理」了。	恭平，你真的做得很好哦。 啊！我忘了一件事。
10 年後你的年收入大概是多少呢？	咦？
你現在的收入是多少啊？	現在爸媽已經不再寄錢給我了，所以我的收入是 0 啊。 0日圓 ↓ 一個月12萬日圓 ↓ 144萬日圓 如果照預定計畫去打工，一個月會有 12 萬日圓，年收入應該是 144 萬吧。

第 3 講　將未來的現實描繪在筆記本上　　**069**

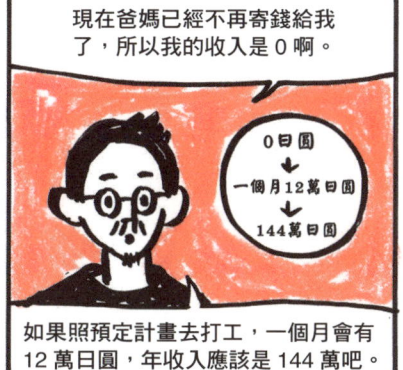

那 10 年後呢？	如果有 1,000 萬日圓，那就太好了。 那樣也可以放心了吧。
那就跟著直覺走吧。也就是說你想用自己創作的文章、繪畫、歌曲，賺到 1,000 萬日圓。	接下來只要在筆記本上寫的 10 年後的現實中，賺到 1,000 萬日圓就好了。 所以現在又是「行政事務」登場的時間了。
現在，讓我來想想為了達成目標，應該怎麼做才好。	到今天為止，我們談的都是初始設定。 接著就來進入實踐作業吧。

好像有趣起來了耶。
接下來會越來越
好玩哦。
那如果把這本筆記本拿來賣，
不就會變成暢銷書嗎？
我對賣東西沒興趣，所以將來
有一天，
生存所需的
行政事務
你可以出版一本《生存所需的
行政事務》啊。
這樣啊。那這又會是「將來的
現實」之一吧。
當然。那也是我的夢想。
來人，賞吉姆 10 塊坐墊！

第 4 講

行政事務的世界裡，沒有失敗

現在，我們看得到 10 年後的「將來的現實」了吧。

我真的很驚訝耶。「將來的夢想」很模糊⋯⋯

但如果是「將來的現實」，就變得很清晰。

自己也很容易想像得出來。

10 年後自己工作的樣子。

這是很棒的事。像這樣讓概念具體化——

對「行政事務」來說是很重要的一步。

說到「行政事務」，我原本的印象是很生硬的。

但吉姆教我的行政事務，讓我覺得很「自由」。

072　生存所需的行政事務

剛剛說 10 年後的年收入是 1,000 萬日圓吧。
是啊，如果能有 1,000 萬日圓就太好了。
那我們就來看看 1,000 萬日圓的明細吧。
好啊，這樣真的很有「行政事務」的感覺。
這 1,000 萬日圓具體是怎麼賺來的？
1,000 萬日圓
接著請你想一想這件事。
這個嘛……我還沒賺過 1,000 萬日圓啊……
到目前為止也還沒有賣出過自己的作品……
啊，吉姆！
怎麼啦？
我小學 5 年級的時候，曾經賣過自己的作品！

當時我很喜歡三麗鷗這家公司的文具。	我當時也想創作一個明星角色的周邊商品。
他家有一個明星角色「大寶」，那真的是傑作啊。	

我在影印紙上用有色鉛筆畫橫線，接著在最下方畫上以螳螂為主角的角色。

我拆開市售的信封研究結構，然後自己做了信封，並把這些東西放進透明的 OPP 袋，做出自己的信封信紙組。

我用一組 50 日圓的價格，把信封信紙組賣給班上女同學。	太厲害了！你已經做過「行政事務」工作啊。

那你就用一樣的想法，想想自己要賣什麼、賣出多少，
1,000
萬日圓
才能賺到 1,000 萬日圓吧。
對哦。如果是 50 日圓的信封信紙組，就必須賣出 20 萬組啊。
50日圓
200,000組
1,000萬日圓
這樣有點太辛苦了。
最好能把價格往上加一點吧。
比方說，每天早上寫作的原稿如果出書了，
1,500日圓
6,666本
1,000
萬日圓
假設一本賣 1,500 日圓，那賣出 6,666 本就有 1,000 萬日圓。
這樣很好哦，有具體的數字。
版稅
10%
不過我聽說一般書籍的作者版稅，大約是 10% 左右。
這樣的話，一本就只能拿到 150 日圓啊……
那麼就必須賣出 6 萬本才行。

你現在腦海裡有概念了嗎？
我覺得賣個 6,000 本沒有問題。可是如果要賣出 6 萬本，一生頂多也只有 1、2 次機會吧。
這樣的話，賣一本書大概只會收到 100 萬日圓吧。
100 萬日圓
不過，你的想像並不是天馬行空的亂想，這樣很好。
你有想過自費出版嗎？
嗯，如果是自費出版，不就還要花錢製作書籍嗎。
我想 10 年後我還沒有這筆錢吧。
所以我想交給出版社出版。
不過等到年收入破 1,000 萬後，自費出版也會變成一個選項吧。
有這個可能。如果「將來的現實」在 10 年後變成「現實」，
好像也可以描繪一個自費出版書籍的「將來的現實」。

像這樣將「將來的現實」具體化之後，也就可以把自己會慢慢成長這一點納入考量，如此便可以看到在那之後的現實了。

這就是「行政事務」的好處。

所謂「行政事務」，就是把抽象的概念轉換成數字和文字，讓想法可視化，做出「具體數值與計畫」的技術。

數字

文字

其中的「具體程度」是有生命的。

既然有生命，當然就會從那一瞬間開始成長。

任何事物都是這樣。

「行政事務」也好、人類也好，都跟植物一樣會成長。

↑ 成長

第 4 講 行政事務的世界裡，沒有失敗

我同意這一點。例如吉他也是,我會越彈越厲害。 我想幾乎沒有什麼事,是會越做越退步的。	可是…… 怎麼啦?
我媽媽她啊…… 她不會支持你嗎?	不,我想她應該是支持我的。可是她一定會說: （給我去上班!） 「當作家混飯吃就是自殺行為,一定會失敗,你給我去上班!」
如果老是被媽媽這樣唸,我有時也會退縮啊……	吉姆,筆記本上可以寫上「如果失敗的話……」嗎?

失敗失敗，大家都在說失敗。
可是到底什麼是失敗呢？
「失敗」這個詞是不是
太抽象了呢？
假設我一直在寫書，卻無法出版。
賺不到錢。
不……
恭平你覺得這算是失敗嗎？
我沒有錢，也沒有賺過錢，甚至沒有找過一份
固定的工作。可是我不曾失敗。
在「行政事務」的世界中，沒有失敗。
咦？「行政事務」沒有
失敗？
不是為了不失敗，才要做
「行政事務」的嗎？
請放棄這種雞腸小肚的想法。
實在太俗氣了。

你說得也沒錯⋯⋯可是我媽的話我也不是不懂。我會這麼想， 是因為對自己不夠有自信嗎？	你完全不需要「自信」。比方說，我就是因為寫作很快樂， 所以一直持續做自己喜歡的事。這一點很重要。
「喜歡」凌駕於「自信」之上。一旦喪失「自信」，作業就會停擺。 喜歡 ＞ 自信 可是「喜歡」不會停。	也就是說，在「行政事務」的世界裡，你只要確認一件事。 那就是你想持續做下去的事，你是不是真正「喜歡」它。
因為「喜歡」而持續做的人，不用計較會不會「失敗」。 「失敗」是別人給予的評價。	別人會不負責任地、很輕率地說出「失敗」這兩個字。 你根本不用去理會這種評價。

吉姆只會說「這樣做就會順利」對吧。 正因如此，他的忠告才讓我很高興，也很有參考價值。	有變成功經驗的人，告訴別人這樣做就會變得厲害，所以只要依樣畫葫蘆就好。 這就是「傳授」。
你會向不懂得騎自行車的人，學如何騎自行車嗎？ 不可能吧。	「這樣做會摔倒、會失敗，所以你別騎自行車。」——你會想跟這種人學東西嗎？ 不會，那種人很無聊，跟他在一起一點也不有趣啊。
「傳授」就是這麼一回事。只要回想起你學會騎腳踏車的時候就明白了。	儘管騎自行車有一定的危險性，但是一旦你會騎了， 你就會忘記自己對失敗的恐懼，很自然地騎著自行車。

第 4 講　行政事務的世界裡，沒有失敗　　**081**

那我們繼續往下吧。10 年後的你
為了賺錢，必須出書才行。
我們再來思考看看……
賣得出 1 萬本嗎？
1 萬本的話，應該可以吧。
10 萬本我就不敢說了。
一萬本
我想用 1 萬本為基礎去思考。
很具體，很好。寫一本 1,500
日圓的書，
1本
150
萬日圓
可以賺 150 萬日圓。
要賺到 1,000 萬日圓，
就要出 6 本以上。
這樣你可以想像嗎？
嗯，我很難想像啊。
6 本真的有點多了。
赤川
次郎
那我不就變成多產作家
赤川次郎老師了嗎？

那寫 3 本，如何呢？
可是我從現在開始一直到 10 年後，每天都要一直寫稿耶。
對啊。你覺得一天最好要寫幾張稿紙呢？
聽說小說家村上春樹老師一天寫 10 張稿紙。1 天 10 張，雷打不動。
村上春樹
這是他在自己的隨筆中提到的，我想至少要做到他那樣吧。
你有過 1 天寫 10 張的經驗嗎？
大學時寫過論文，那時 1 天寫 10 張筆記本內頁。
看來你應該可以做到啊。寫一本書要用掉幾張稿紙啊？
稿紙
我不知道耶。不過根據村上老師的隨筆記載，
10 張
半年
他好像是一天寫 10 張，持續寫了半年。

這樣大概算一下，是 1,800 張吧。
可是他寫的是長篇作品，對吧？分上下集，一集各約 500 頁。
上集
下集
1 本 200 頁的書，大概要寫 350 張稿紙吧？
1 天寫 10 張，一個半月應該就可以寫完了吧。
10 張
1 個半月
可是如果有想寫的題材也就算了，如果沒有，也寫不出來啊……
這麼一想，是不是突然覺得很難了？
如果一定要寫出一個精彩的作品，那就需要準備、推敲。那麼，
準備
推敲
一年能不能出到一本都不知道……。

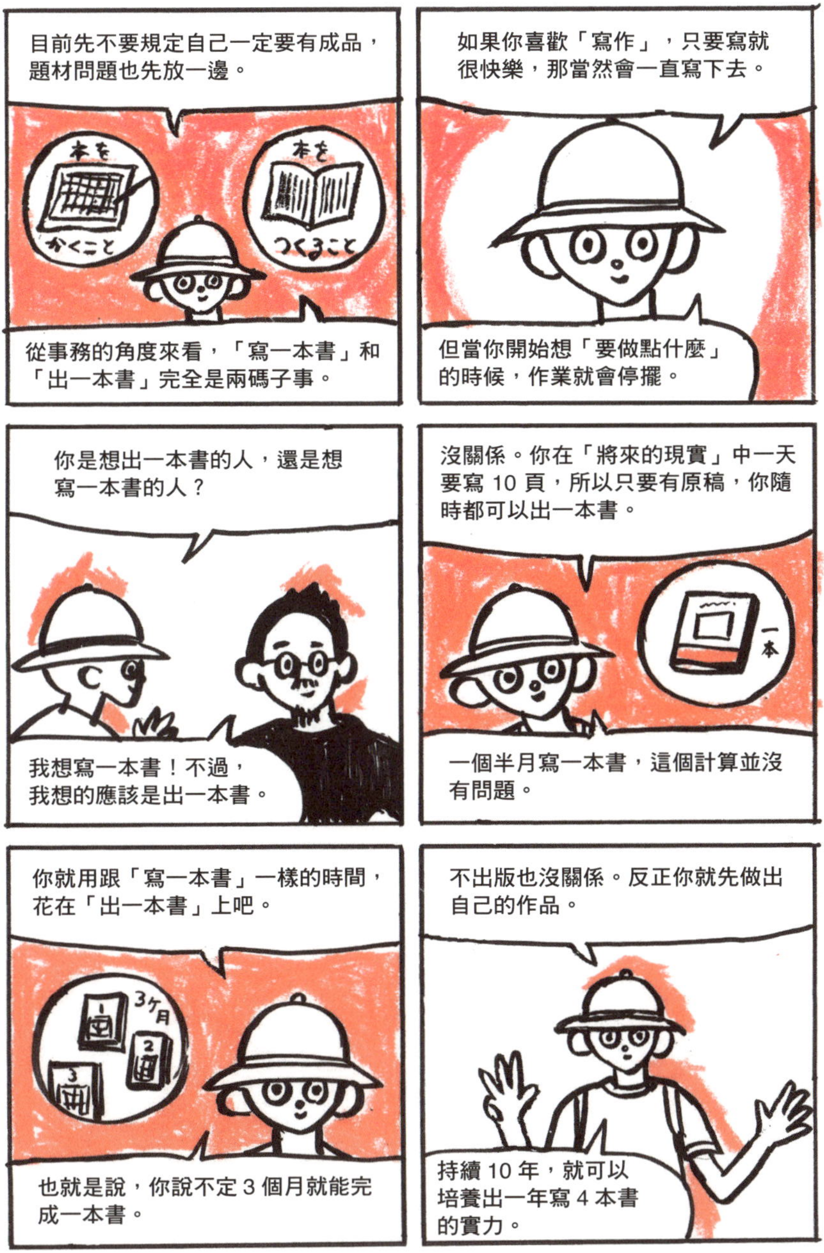

目前先不要規定自己一定要有成品，題材問題也先放一邊。 從事務的角度來看，「寫一本書」和「出一本書」完全是兩碼子事。	如果你喜歡「寫作」，只要寫就很快樂，那當然會一直寫下去。 但當你開始想「要做點什麼」的時候，作業就會停擺。
你是想出一本書的人，還是想寫一本書的人？ 我想寫一本書！不過，我想的應該是出一本書。	沒關係。你在「將來的現實」中一天要寫 10 頁，所以只要有原稿，你隨時都可以出一本書。 一個半月寫一本書，這個計算並沒有問題。
你就用跟「寫一本書」一樣的時間，花在「出一本書」上吧。 也就是說，你說不定 3 個月就能完成一本書。	不出版也沒關係。反正你就先做出自己的作品。 持續 10 年，就可以培養出一年寫 4 本書的實力。

第 4 講　行政事務的世界裡，沒有失敗　　085

這麼一來，一本書 150 萬日圓，一年 4 本，所以就是 600 萬日圓。

150萬日圓 × 4本
600 萬日圓

這樣應該就剛剛好了。

其次我應該也可以接一些連載的原稿，去參加脫口秀等，出現在大眾面前。

而且我還會唱歌畫畫。

還差 400 萬日圓吧。連載原稿一次的稿費大概有多少錢啊？

400 萬日圓

我曾經在大學研究室寫散文，提供給雜誌刊登，當時一頁是 3 萬日圓。如果一個月寫 3 家的稿子，

那就有 9 萬日圓。一年大概是 100 萬日圓左右吧。

聽起來很不錯耶。那還差 300 萬日圓。

300 萬日圓

脫口秀是多少錢啊？聽說東大教授養老孟司先生一天可以拿 200 萬日圓左右，

不過我拿不到那個數吧。

086　生存所需的行政事務

這種時候請把自己當成企畫人員計算一下。 脫口秀的企畫人員。	原來如此。如果要企劃 10 年後的我的脫口秀……可能可以吸引到 60 位顧客吧。 1500日圓 ×60人　9萬日圓 門票 1,500 日圓，那就是 9 萬日圓的營業額。
扣掉場地費 1 萬日圓，還剩下 8 萬日圓，演出人員再分一半……這樣有點可憐，那就演出人員分 5 萬， 5萬日圓 企畫人員分 3 萬。 演出費用就是 5 萬日圓吧。	好像比連載好賺一點耶。 原來如此。那一年應該可以開個 10 場左右。
你可以開現場演唱會嗎？ 就跟脫口秀一樣，只是改成唱歌。	那唱歌費用也算 5 萬日圓就好。那脫口秀和演唱會一年各 50 萬日圓， 50萬＋50萬＝100萬日圓 所以兩者加起來就是 100 萬日圓。

第 4 講　行政事務的世界裡，沒有失敗　　087

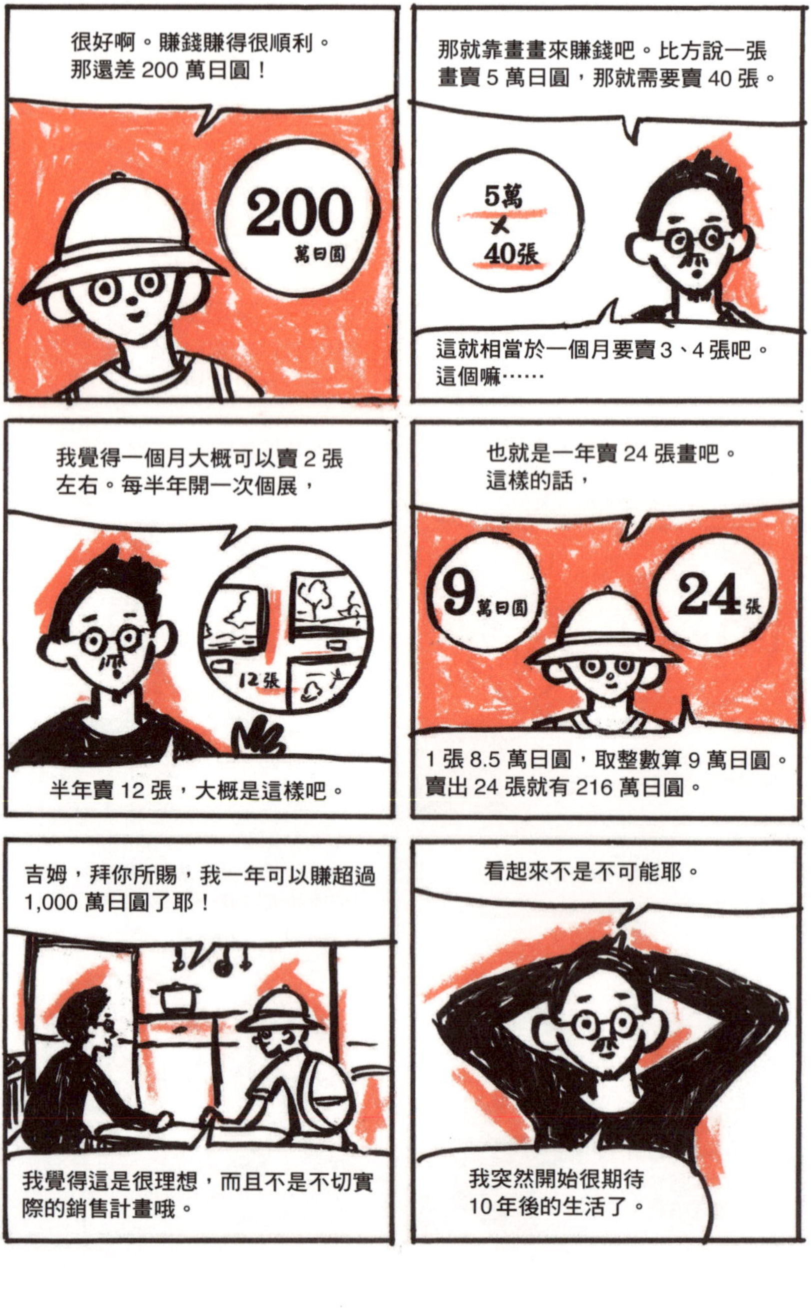
很好啊。賺錢賺得很順利。
那還差 200 萬日圓！
200
萬日圓
那就靠畫畫來賺錢吧。比方說一張
畫賣 5 萬日圓，那就需要賣 40 張。
5萬
×
40張
這就相當於一個月要賣 3、4 張吧。
這個嘛……
我覺得一個月大概可以賣 2 張
左右。每半年開一次個展，
12張
半年賣 12 張，大概是這樣吧。
也就是一年賣 24 張畫吧。
這樣的話，
9
萬日圓
24
張
1 張 8.5 萬日圓，取整數算 9 萬日圓。
賣出 24 張就有 216 萬日圓。
吉姆，拜你所賜，我一年可以賺超過
1,000 萬日圓了耶！
我覺得這是很理想，而且不是不切實
際的銷售計畫哦。
看起來不是不可能耶。
我突然開始很期待
10 年後的生活了。

這麼一來，10 年後的我，也就是 2011 年的「將來的現實」就很明確了。這都要歸功於吉姆。

對啊，我也很高興。這樣設定就幾乎完成了。

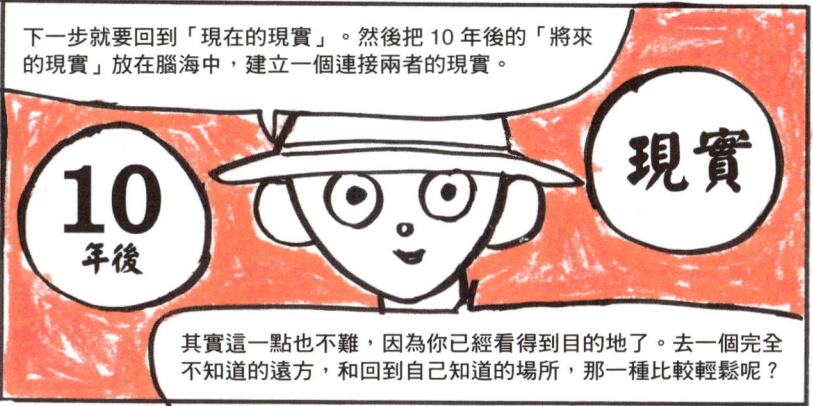

下一步要怎麼辦呢？

下一步就要回到「現在的現實」。然後把 10 年後的「將來的現實」放在腦海中，建立一個連接兩者的現實。

其實這一點也不難，因為你已經看得到目的地了。去一個完全不知道的遠方，和回到自己知道的場所，那一種比較輕鬆呢？

嗯，這要怎麼說呢。去完全不知道的地方，和從那個地方回來，兩種情況下我對時間的感覺完全不同耶。

因為回程你已經知道路在哪裡了啊。

回程輕鬆太多了。

第 4 講　行政事務的世界裡，沒有失敗　089

只要一直完美地設定好 10 年後的「將來的現實」，
是不是就不會迷惘徬徨？
是啊，「迷惘」並不是青春才有的專利。
不過是因為你看不到「將來的現實」，所以理所當然會迷惘。
這道理很簡單。
不教你這一點，只是一直告訴你會失敗，這麼做才是錯的。
這種做法不知害了多少年輕人選擇自殺，結束自己的生命……
我之所以把這本有關「行政事務」的書，命名為《生存所需的行政事務》，
生存所需的
行政事務
就是希望讓那些年輕人不再迷惘徬徨，所以想為他們做一本地圖。
吉姆，你還是現在立刻出版這本書比較好啦。
不，我只是喜歡寫作，我對出書不感興趣。

這樣真的好可惜哦。不過有一天我會幫吉姆出書的。	所以在那之前,我們要一直在一起哦。
那是再10年後的事了吧。	
當然。因為遇到恭平,我好像也多了一個現實,那且那個現實不同於原本自己設定的現實,我真的很高興。	真的是時光機耶。
好了,我們回到「現在的現實」吧。	我剛剛還說你是騙子,真是對不起。
沒關係。我還真沒遇到過像你這樣認真聽我說話,求知若渴的人。因為有你,讓我可以苟活至今。恭平才是我生命中的恩人啊。	我才要感謝你。這樣我終於可以神清氣爽地回到「現在的現實」了。

第 4 講　行政事務的世界裡,沒有失敗　　091

第 5 講

找到每天都能快樂持續行政事務的「做法」

好了，我們回到現實了。

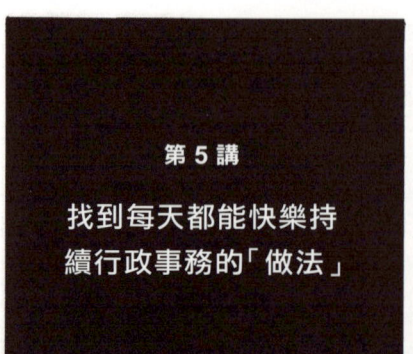

設定已經完成了，10年後就在眼前了喔。

如果一切順利就太好了。

真好啊，可以快一點到10年後嗎？

我們必須讓一切順利進行啊。

對哦。把它當成「行政事務」來想，就不會失敗了。

你已經學會了「行政事務」的基本思考邏輯了呢。

吉姆，只要跟你在一起，我覺得天下無難事耶。
這樣的想法很好。通常，那些覺得不會順利的人，
一定會採用不可能順利的「做法」。
而覺得會順利的人，只會做會順利的事。
這個道理很簡單。
所謂「會順利」，不過是「做法對了」而已。
原來是這樣，這樣說比較好懂。
不愧是吉姆。
雖然有一點離題了，不過當事情不順利的時候，
大家總會煩惱自己沒有才華，或煩惱自己無計可施。

大家都很喜歡否定自己啊！ 可是「否定自己」的「做法」，其實是錯的。	錯的「做法」？
對。大家都很崇尚「自我肯定」這種說法，不過…… 其實自我肯定也是很奇怪的「做法」。	所謂肯定，就是明知這樣是錯的， 也覺得沒關係，而加以肯定的「做法」。
其實這麼做根本是多餘的。因為真的順利的時候，就表示「做法對了」， 就這樣而已。根本不需要肯定自己。	沒有反省那些不順利的「做法」，反而浪費時間自我懷疑、生氣， 因為反作用力作祟，才催生出所謂的「自我肯定」吧？

否定自己、自我肯定的做法，從行政事務的角度來看，根本大錯特錯。 不改變做法，否定自己	又不是在研究哲學， 反思自己不是件簡單的事。

應該否定的不是「自己」——

不應該自我懷疑

應該懷疑的只有方法

而是自己選擇的「方法」而已。

這樣說來，不用改變自己，只要改變「做法、方法」就好了， 吉姆，你的意思是這樣對吧。	對，這麼一來自然做什麼都會越來越順利。

第5講　找到每天都能快樂持續行政事務的「做法」　　095

那所謂「順利」又是什麼意思？
我們剛剛不是已經做好計畫了嗎？
啊，就是 10 年後的我！
早上寫書、畫畫、創作音樂……
10年後
就是 10 年後的我。
那現實中我應該怎麼做才好呢？
說到現實，你已經看到自己每天的樣子了吧。
一天的現實
現在，我們再來重新看一次吧。
嗯。

2001年4月13日

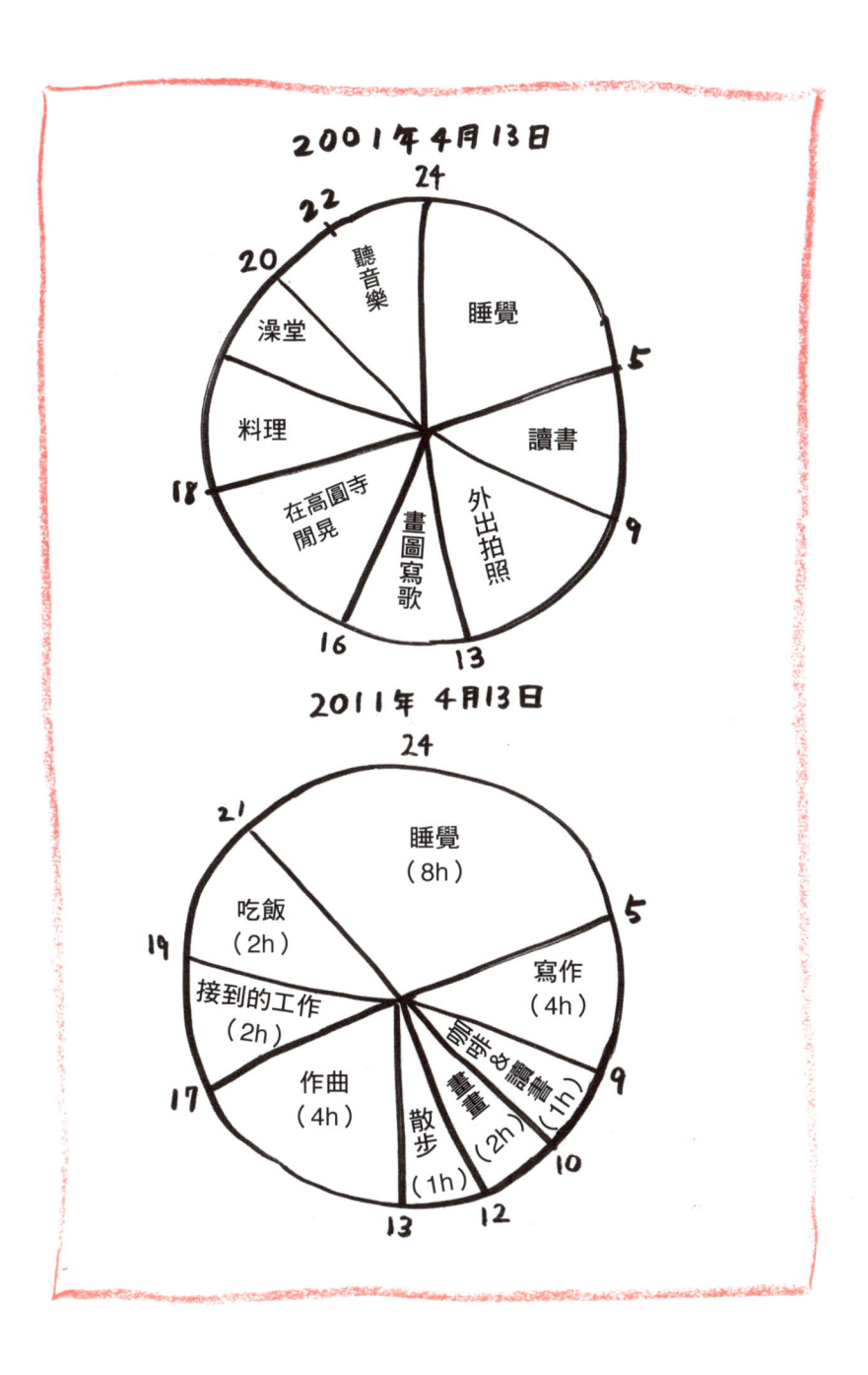

- 睡覺
- 讀書
- 外出拍照
- 畫圖寫歌
- 在高圓寺閒晃
- 料理
- 澡堂
- 聽音樂

2011年4月13日

- 睡覺（8h）
- 寫作（4h）
- 閱讀&聽音樂（1h）
- 畫畫（2h）
- 散步（1h）
- 作曲（4h）
- 接到的工作（2h）
- 吃飯（2h）

第5講 找到每天都能快樂持續行政事務的「做法」

我要怎麼改變
才好呢？
你要改變的是「做法」。
嗯，我知道，
可是……
那什麼叫改變「做法」啊？
我們一項一項來看吧。
首先是起床時間，
一樣是 5 點哦。
5:00
這種「做法」照現在這樣就是完美的！
100
分
滿分 100 分！
現在和 10 年後，我都一樣
這麼做呢。
對，
所以你才會順利。

接著來確認一下5點起床後你要做的事吧。	現在是「讀書」，10年後是「寫作」。 讀書　寫作 讀書和寫作，你更想做哪件事呢？
我不擅長讀書，每次都很快就睡著了。 然後時間就這樣不見了。	那我們就把當前時間的這個「做法」， 寫作 用寫作來取代吧。
你說得好輕鬆耶。 本來就很簡單啊。	誰說的，明明就很難啦。 為什麼？

第 5 講　找到每天都能快樂持續行政事務的「做法」　099

我不知道要寫些什麼才好啊……
沒關係，10 年後的現實設定中，
並不包含要寫些什麼，
10年後
所以你不用在意也
沒關係。
你的意思是不管什麼，
寫就是了，對嗎？
就是這樣沒錯。
不想‧只寫。就是「做法」。
也就是實踐不煩惱「寫什麼」，
寫下去就是了的「做法」吧。
如果是這樣的話，
我覺得我做得到。
如果覺得可以做得到
的話——
100
分
就給自己滿分 100 分吧。

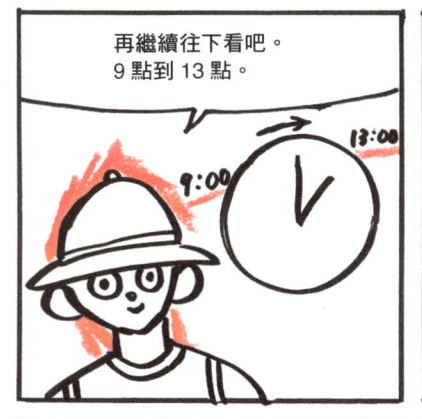

第 5 講　找到每天都能快樂持續行政事務的「做法」

一開始隨意就好。
反正你也還沒有能力不是？
對，我也沒有「才華」。
所以周遭的人都勸
我放棄。
你覺得「才華」是什麼呢？
我不知道。
舉例來說，你覺得我看
起來有「才華」嗎？
吉姆才華滿溢啊！因為你可以
每天都不間斷地寫。
「才華」說穿了就是這樣。
持續不斷地做著自己喜歡又快樂的事，
從不間斷＝有「才華」，
就是這樣而已。

寫的結果是出書，還是爆紅可以靠寫作維生，
才華
評價
這跟「才華」無關，而是「評價」了。
原來是這樣。
梵谷死之前，根本沒人注意到他的作品。
Gogh
可是他很有「才華」。
嗯，他到死前都還在作畫啊。
後來時代轉變，他的新穎性才獲得別人的「評價」。
所以「才華」和「評價」是兩碼子事啊。

因此，如果你的目的是為了獲得「評價」，

那當你得不到評價時，你就會討厭創作了。

也就是說，以評價為目的的「做法」本身就是錯的。

不過為了活下去，也必須有一點點的「評價」。

我來整理一下。要做些什麼，並不需要社會上大家說的「才華」。

我們所謂的才華，其實可以透過每天持續的「做法」捏造出來。

這裡所說的做法，也加入一點做出「評價」的「方法」吧。

那是要怎麼做出來呢？

首先，先明確定下什麼是你希望「被評價」的東西。
將這件事找出來。
寫作需要「評價」嗎？
需要吧。
那畫畫和歌曲呢？
畫畫需要，不過我覺得音樂不需要。
我知道了。所以這兩項會需要一些「評價」。
繪畫
寫作
接下來是另一個重要問題。
那你寫作是想獲得誰的「評價」呢？
寫作
或許是吉姆？
我隨時都在看啊。

啊，不過我或許會想賺到錢。
那就表示要出書吧。
那麼你知道該如何出版一本書嗎？
寫作
出版
只要出版社願意投資你，就可以出版吧。
你看過出版作業的現場嗎？
我沒看過。我知道的出版作業現場，只有鳥山明和鳥嶋和彥而已。
那是誰啊？
你不知道嗎？就是《七龍珠》的作者和編輯啊。
DRAGON BALL

光看《七龍珠》的製作現場就可以知道，編輯好像比出版社更為重要耶。	鳥山明的作品也一樣，一開始到處吃閉門羹，後來鳥嶋先生才發現他的才華。

所以在鳥嶋先生大力促成下，他們才一起開始畫漫畫的。像是《怪博士與機器娃娃》等。

怪博士與機器娃娃
阿拉蕾

鳥嶋和彥

以阿拉蕾為主角，這也是鳥嶋和彥的意見。

也就是說，如果沒有編輯，就沒辦法出書了。我是這麼認為的。	如果你都這麼清楚了，那只要找到編輯就好。你要叫我怎麼找啊！

第 5 講　找到每天都能快樂持續行政事務的「做法」　107

這不是很簡單嗎？所有書的後記或版權頁上，不就印著編輯的名字嗎？
這件事一點都不難啦。
你先選一本自己喜歡的書，然後只要獲得那本書的編輯青睞就好了。
就是這麼簡單。
你最近讀的書是什麼書？
雜誌吧。
雜誌的話，有一本很棒的雜誌，叫《SPECTATOR》。
SPECTATOR
HOME
另外也有一本雜誌叫《HOME》，我希望那本雜誌的藝術總監能看看我的作品。
那就這麼做吧。只要獲得他們的「評價」，
自然就會有工作。
好像真的很簡單耶。

那畫畫呢？ 你希望獲得誰的「評價」？	這個嘛…… 畫畫我就不是很清楚了…… 不過我想起來了。之前有一位攝影師朋友拜託我一件事。

那時「越後妻有藝術三年展」正開始展出，那個展有點像是結合城鎮復興和藝術，是日本第一次的嘗試，

我那位攝影師朋友就說他想去參加比稿。

恭平先生你參加過比稿嗎？ 沒有，一次也沒有。因為我不感興趣啊。	不認識的人給的「評價」，我也不關心。 所以我沒參加過比稿，也沒參加過考試。

第 5 講　找到每天都能快樂持續行政事務的「做法」

不過我很擅長做些讓別人喜歡的事， 攝影師 那位攝影師朋友也是看上這一點，所以拜託我做簡報。	這樣啊，那不是很棒嗎？ 對了，我當時的簡報好像闖到最後一關了吧？
我把自己當成已經拿到專案的人，把簡報做成一本旅行社的宣傳手冊。 宣傳手冊 雖然那不是真的。	我想只要審查委員當中有人覺得有趣，我就過關了。 也就是只要能讓任何一個人記住就好了吧。
結果我們還真的闖關成功了，接下來就是審查委員會議。 也就是說，有人覺得恭平很有趣吧！	你已經找到舞臺了。 我想你可以在那裡找到美術相關的評價者。

哇，那不就什麼都準備好了嗎？ 寫作的評價　美術的評價	是啊。只要設定並充分運用行政事務的「方法」， 100分 現實中也可以立刻拿到滿分100分，一切順利。你懂了嗎？
只要設定好會順利的「做法」，即使眼前放著「將來的現實」， 也會覺得簡單，整個人輕鬆起來了。	充分運用「行政事務」，消除不必要的擔憂。 這就是事情要順利的唯一「方法」。
所以我決定試著去執行我和吉姆一起整理好， 一定會順利的「方法」。	結果怎樣了呢？請見下回分曉！ ZZZ... 不過一定會「順利」的。

第 5 講　找到每天都能快樂持續行政事務的「做法」　111

第 6 講

行政事務是為了思考與實踐「方法」而存在

到目前為止,我應該沒有實踐過這種「方法」吧。

不知者無罪,這也是沒辦法的事。

你會用大腿停球嗎?

我不會。因為我以前是棒球社的社員,從來沒踢過足球。

足球　棒球

以前從來沒做過,不會是理所當然的。

那倒是不用啦,我對用大腿停球也沒興趣。

只要從現在開始徹底實踐「行政事務」的「方法」,你也可以用大腿停球喔。

112　生存所需的行政事務

這樣很好。對自己不喜歡的事，
完全不用去碰也沒關係。
如果持續做自己喜歡的事，
也可以賺到錢就好了。
嗯，慢慢來就好了。
反正最後一定會
順利的。
吉姆可以這麼說，真是
太強了。
反正最後一定會
順利的啊。
是啊。對了，我要出門
一下。
接下來就來試試自己想的「方
法」，是不是真的能發揮作用吧。
也就是「實踐篇」吧。

「行政事務」就是為了實踐而存在。 完成初期設定後，接著就是要充分運用「行政事務」了。	你用電腦的時候，每隔一段時間就要更新升級。「行政事務」也一樣。 恭平的吉他彈得很好吧。
你是在哪裡學的呢？ 也就是說，你向誰學了「行政事務」的「方法」呢？	雖然鋼琴我是到鋼琴教室去學的， 但吉他我是無師自通的啦。
那你是怎麼練習的呢？	嗯，我已經不記得自己完全不會彈吉他時的事了。 不過披頭四有一張專輯《白色專輯》。

我一直聽一直聽,聽到可以自己哼出吉他的音色旋律後,就去買了《白色專輯》的樂譜。	
然後我就看著樂譜練習彈吉他,直到我會彈了為止,就這樣而已。	
每天都彈吉他,讓我的確變厲害了喔。	所以你自己找到了變厲害「方法」了呢。
雖然你自己沒有發現,不過每個人其實都是自己思考「行政事務」與「方法」,然後加以實踐。	原來如此啊。然後最後就會變厲害!

第 6 講　行政事務是為了思考與實踐「方法」而存在　　115

對了，你剛說你會用大腿停球？
才不是，我說我不會。
或許就像叫恭平去公司上班一樣，
你都做不到吧。
不過不管什麼事，只要徹底持續
執行行政事務，你自然就會了。
是啊。我現在都覺得自己好像
已經會停球了呢。
因為只要實踐會順利的
「方法」就可以了啊。
那我們下次再見吧。
咦？你不是說只要外出
一下嗎？
不用擔心。我們還可以
打電話啊，
我的手機號碼是
090-8106-4666。
反正最後一定會順利的。
請你不要忘記這個
信念。

就這樣，我變成一個人了。	話雖如此，反正我隨時都可以打電話給吉姆， 090-8106-4666 一定沒問題的。
可是只剩我一個人，讓我突然變得很不安。	所以我立刻按下號碼： 090-8106-4666 撥打了電話給吉姆。
只有我一個人，我不知怎地突然不安起來了。	你不是已經決定好要做什麼了嗎？

現在幾點啊？
嗯？現在是晚上 9 點啊。
恭平的「10 年後的現實」中是怎麼寫的啊？
這個嘛，我寫晚上 9 點要睡覺。
那你知道自己應該做什麼了吧。
睡覺，對吧。
沒錯，很好。
可是你等一下。我覺得不安，所以睡不著啊。
那我教你一個可以放輕鬆睡覺的「方法」吧。

第 6 講　行政事務是為了思考與實踐「方法」而存在　119

於是我聽吉姆的話，	走了5分鐘左右，有一個植物生氣蓬勃的地方，
出門走在綠道上。	我就在那裡抽了根菸。

可是我真的很笨，竟然忘了把碗公帶出來了。我只記得從垃圾袋中撈出西瓜籽帶出門。

還要再把種子帶回家也很麻煩，我就決定把西瓜籽撒在種了許多植栽的地方。

一邊撒西瓜籽，我一邊就想到大學時的朋友。	他的名字叫雄介。
他總是撒著苧麻種子，說那是小鳥的飼料。	

120　生存所需的行政事務

我的朋友雄介
這個世界基本上就像是我的後花園一樣。
如此說道。
他就是這種人，所以明明是建築系學生，卻從來不做設計。
相反，他在大學老是做一些奇怪的事，比方說用公園的水泡咖啡，或是把椅子違法丟在空地，
然後發表一些異於常人的研究成果。
雖然他在學成績敬陪末座而被留級，可是因為他的研究內容很有趣，
錄取
結果被比利時實驗性質的建築集團錄取了。
後來他甚至成為全球知名的建築大師——
Remkool
haas
雷姆・庫哈斯的研究設施領導人。

想到雄介的事,我突然覺得西瓜籽不夠,	我當場把西瓜吃掉,然後到處吐西瓜籽,
所以就回家拿了西瓜來。	就好像在用西瓜籽奉獻給雄介一樣。
然後我模仿雄介的做法,把土翻鬆。	現在想想,雄介跟吉姆的爺爺好像也有點像。
他老是說要把土翻得有如鬆軟的床墊一樣。	我最喜歡這樣的人了。
可是,後來雄介在荷蘭的公寓跳樓自殺了。	將來有一天,我一定要為了預防自殺有所貢獻。
聽說他一直為躁鬱症所苦。	那時我暗暗發誓。

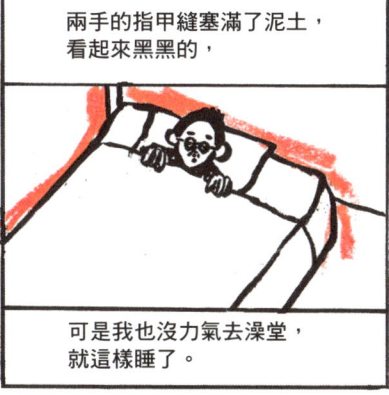

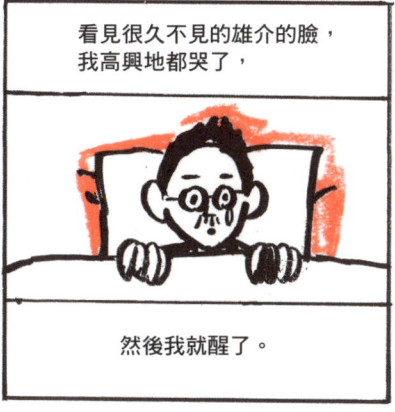

回到家後我累壞了。 就好像我做了2小時左右的作業一樣。	兩手的指甲縫塞滿了泥土，看起來黑黑的， 可是我也沒力氣去澡堂，就這樣睡了。

我睡得很熟，甚至做了一個夢，夢到我遇見西瓜神。

西瓜神長得跟雄介一模一樣。	看見很久不見的雄介的臉，我高興地都哭了， 然後我就醒了。

看看時鐘，剛好是上午5點。

不可思議的是，我不安的感覺都不見了。

甚至可以說是幹勁十足。

吉姆

早上醒來，就先去做你想做的事就好。

曾如此對我說。

總之就是去先做自己想做的事。吉姆決定了這種「做法」。

我最想做的事，就是寫作。

所以我打開朋友送我的 iMac 電源，

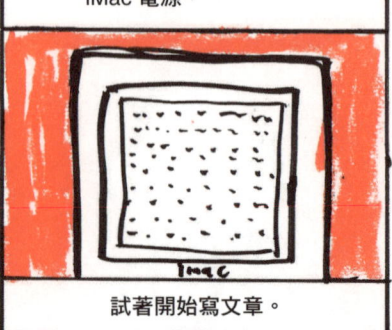

試著開始寫文章。

124　生存所需的行政事務

2001 年 4 月 14 日　　我從今天開始寫稿。
雖然不知道該寫些什麼，我還是試著用吉姆教我的方法來寫。吉姆告訴我，煩惱該寫什麼是沒有意義的。這讓我輕鬆了許多。老實說，我並沒有特別想寫什麼，只是我內心有一種想寫點什麼的感覺。所以我現在試著寫寫看，光是打開電腦的電源，就讓我覺得心情很好。以前我一直想寫出像作家一樣的文章，我喜歡傑克‧凱魯亞克（Jack Kerouac），所以覺得自己應該邊旅行邊寫下當下的感受；我覺得故事必須有脈絡，角色必須有個性，還要有某種劇情發展……我一直在想這些事。可是這樣的話，我根本什麼都寫不出來！不過我現在卻可以輕鬆寫下自己為什麼寫不出來這件事了！我只要寫下自己腦海中浮現的內容，直接寫下來就好了。我鬆了一口氣，感覺自己好像什麼都能寫了。我不是要寫一本書，只是單純地寫，這樣就夠了。我現在就開始練習吧。
我現在沒有工作，身上只有 9,000 日圓。雖然現狀如此，但我已經規劃好了自己 10 年後的現實生活。吉姆把這麼做稱為「行政事務」。我也要按照自己的方式推進行政事務。連畢卡索都曾經活得像個行政人員一樣。當然我並不覺得自己和畢卡索一樣，但以前我總覺得藝術家不需要「行政事務」作業。可是我現在發現事實並不是這樣，吉姆讓我明白了這一點。吉姆一直用英文在寫一本名為《生存所需的行政事務》的書，我希望有一天能把吉姆的這本書翻譯出來。不過我不擅長翻譯，所以我想不用我的方式，把吉姆教我的「生存所需的行政事務」，寫成一本書。我想我可以透過在這裡記錄沒有工作的我，如何透過行政事務，在 10 年後成為能寫書、畫書、創作歌曲的人，實現出書的目標。這樣一想，我心裡就感覺踏實了。總之，我想一邊研究自己的狀態，一邊實際行動，並把整個過程寫下來。
首先，先來預約打工工作吧。幕張展覽館的夜班工作，一個晚上可以拿 3 萬日圓。打個電話就能馬上預約，那我就先來打電話吧。這個月應該可以排 4 天工作，這樣一個月就能賺 12 萬日圓。我已經拖欠了 3 個月的房租，但在有足夠的存款之前，暫時還是先拖著不付吧。我也已經申請暫緩繳納年金和償還助學貸款了。我每個月的支出合計為 77,000 日圓，因此還能剩下 43,000 日圓。這樣一來，我應該能維持基本生活。但我要一直這樣嗎？不，這樣的生活我不想過好幾年。那我能馬上靠自己的工作收入養活自己嗎？恐怕還很困難。想到這裡，我覺得還是盡快找一份固定收入的兼職工作比較好。不過照目前這樣的情況，應該還能再撐半年。就利用這段時間，先整理好方法吧。
接下來是工作。我到底想做什麼？我想每天隨心所欲地寫作、畫畫、創作音樂。爸媽說我只會做夢，異想天開。但他們自己從來沒有做過這些事，所以根本不可能理解我。沒有親身經歷過的人，什麼都不懂，這也是吉姆教我的。可是哪裡有寫作、畫畫又創作音樂的人？先來想想這個問題吧。我喜歡凱魯亞克，他也出版過小說和詩集，還會畫畫，雖然他沒做過音樂，但他曾經在爵士樂團的伴奏下朗誦詩歌。他的例子很值得我參考，但我不知道他是如何賺錢的。那麼達文西呢？他會寫作，也會畫畫，但是他沒有創作音樂。不過他會建築設計。對了，我也會建築設計。那尚‧考克多（Jean Cocteau）呢？他會寫作、畫畫，對音樂也有高度興趣，但他好像沒有親自演奏，不過我覺得他的鋼琴應該彈得不錯。雷蒙‧魯塞爾（Raymond Roussel）寫小說和作詩，而且他也擅長彈鋼琴，但他卻不會畫畫。而亨利‧米肖（Henri Michaux）呢？他寫作、畫畫，但依然沒有創作音樂。幾乎沒有人同時精通這三項領域，所以沒人可以當我的參考。不過這些人都已經和我很接近了。他們至少都做到其中兩樣。可是就是沒有人精通三項以上。
我的師父是建築師石山修武，他做建築設計、寫作，也會畫畫。他是少數同時做到這三項的人。果然有興趣的人往往都會做三項以上。那他是如何賺錢的呢？他的建築設計以實驗性作品為主，不像是能賺大錢的工作。他很可能是靠著擔任大學教授來維持生計。我聽學長說，早稻田大學教授的年薪大約是 1,200 萬日圓左右。如果是這個數字，那確實足以過上安穩的生活，不需要靠建築設計或有的沒的工作維持生計。或許他就是利用大學教授的身分，獲得穩定的生活，同時又可以選擇性地做自己感興趣的建築設計，醞釀出實驗風格作家的印象，而不必為了五斗米折腰。此外他還寫書，透過書籍能向更多人傳達自己的想法。果然，石山老師的生涯可以作為我未來生活的一個具體參考範例。既然我要在日本活下去，就必須有一個適合日本人的案例來參考。

莫名地我就寫出了長篇大論。 我自己都嚇一大跳。	這正好證明了吉姆決定的「做法」順利發揮作用。 這種「做法」或許真的很適合我也說不定。
只要一開始寫文章，我就停不下筆。	我想這個時候，我應該找到了方法。 找到每天寫10張以上稿紙的方法。
你問我怎麼辦才好？其實很簡單。 總之先寫就是了，不要先想。	不過就算我寫得出文章， 也不是立刻就可以出書。

但是我有一本自己製作的書。	雖然我想把這本書拿去給出版社看，
就是我的大學畢業論文，我的自製書《0日圓住宅》。	卻不知道該拿去哪家才好。
我只知道《HOME》的藝術總監角田先生，	我雖然不認識角田先生，還是決定鼓起勇氣，
他出版了很酷的雜誌。	打電話到雜誌出版社去。
然後我很順利地問到了角田先生的電話，我立刻打電話給他。	「這個企劃聽起來好像很有趣耶～」
角田先生聽完我的話，然後說：	請你立刻把書拿到事務所來吧。 他這麼說道。

第 6 講　行政事務是為了思考與實踐「方法」而存在

於是我立刻出發！
前往角田先生的事務所所在地目黑。
這是我第一次前往設計師事務所。
我在那裡見到了角田先生。
角田先生自由奔放，看起來
就像一個少年，
讓人不禁忍不住懷疑，這個人真
的是設計師嗎。
他看了我的書之後，
太厲害了，你說不
定真是個天才啊。
這麼跟我說。
有一家出版社叫 Little More，你
把這本書拿去，我想他們會幫你
出書哦。
Little More
他表情肯定地表示。
原來行動……就會發生這種好事啊。
……
我心裡想著，接下來要打電話
去 Little More 看看。

角田先生還給我看了亨利·米肖的畫集，以及刊登了傑克·凱魯亞克手寫原稿的雜誌。	我心想，果然就是因為吸收了好的作品，才能催生出好的設計啊。
而且角田先生還告訴我許多有關賣畫的眉角。他教了我很多事情。	紐約的畫廊常有像黑手黨一樣的人出沒⋯⋯雖然可以高價賣出畫作，但還是自己自由自在地賣畫比較好喔。
我覺得不加入畫廊、選擇我行我素的你很有趣。可是這本書⋯⋯	最後——還是先當成一位建築系畢業生，從建築學的角度，簡單明瞭地調查街友家的書籍比較好吧。角田先生如此告訴我。

第 6 講　行政事務是為了思考與實踐「方法」而存在

回家後，我想起角田先生的話， 就把《0日圓住宅》拿出來又看了一遍。	調查・記錄街友居住場所的這本書 的確說不上是一本建築書籍。
我不過是看到街友們的生活，大受衝擊， 所以想學習他們的求生知識和教訓而已。	我認為他們的居住場所才真的算是家，甚至對我來說， 他們的生活也就是我對傑克・凱魯亞克《在路上》這本書的回答。
不過如果把話說到這種程度，就無法被人理解，無法成為一本書。	我—— 所以先把它當成我這位建築系學生調查街友的書，或許比較好。雖然其實根本不是這樣…… 是這麼想的。

煩惱的時候，我就想想吉姆說的話。吉姆這個人現在， 就好像是「行政事務」的化身一樣。	雄介、吉姆的爺爺、街友、角田先生，他們全都變成了我的「行政事務」化身。 我正在向他們學習「方法」。
雖然錢和其他東西都沒有增加，但我清楚地感受到—— 自己的生活越來越豐富了。	我想我的「行政事務」已經順利啟動了。 （生存所需的行政事務）
雖然還在蹣跚學步階段，不過沒有關係。 就像吉姆說的一樣，只要每天一點一滴地升級就好。	接下來的事下次再說！ 最後一定會順利的。

第 6 講　行政事務是為了思考與實踐「方法」而存在

第 7 講

讓自己思考「我喜歡什麼？」的工具

玄關大門突然打開了。

吉姆來了。

咦？我以為你不見了耶。

我昨天去朋友家了。

哦，你也負責那個朋友的行政事務嗎？

嗯，可以這麼說吧。

但你回來了，我真的很高興。

真的嗎？你不是說我在這裡讓你很煩嗎？

我以前這麼覺得，可是吉姆不在了，

我突然又覺得很寂寞啊。

不過，為了做好隨時被趕出去都沒關係的準備， 我有好幾個住處，你不用擔心喔。	也就是說，你也準備了真的無計可施時的「行政事務」吧。 對了，昨天吉姆不在的時候，我試著自己做了很多事。
那很好啊！ 只要實踐下去，行政事務自然就會開始動起來，形成良性循環！	我早上5點起床，真的就直接去寫作了。 我的第一次行政事務實踐！
因為你設定好一天的計畫了，當然寫得出來。	什麼啊？你一點都不驚訝嗎？

第 7 講　讓自己思考「我喜歡什麼？」的工具　　133

凡事都一樣。說自己做不到的人，其實不是技術上做不到，

只是設定的「行政事務」的「方法」不對而已。

如果你只是想著有一天要寫一本書，這樣當然寫不出來。不過如果你決定從明天開始，早上5點起床，一天寫10頁，那麼不論是誰都寫得出來。

搞什麼啊，你澆了我一頭冷水。

我才剛剛開始覺得自己是為了寫作而生的人說。

我勸你最好不要用這種方式看自己比較好。

我就不會這麼想。

不要稱讚自己，而是稱讚自己徹底落實「行政事務」。

自己 行政事務

反之亦然。不要批評自己，而是要徹底批評自己的「行政事務」。

第7講 讓自己思考「我喜歡什麼？」的工具

如果有人跟你說，「你晚上 9 點就上床睡覺，人生還有什麼樂趣！」
你會生氣嗎？
我可能不會生氣。我應該會回他，無聊就無聊，
反正我明天早上 5 點就會起床寫作，所以我現在要回家了。
你會心情低落嗎？
不會，可能反而會覺得很輕鬆吧。
你知道這是為什麼嗎？
為什麼？你要問的是自己的作品被人批評了，我會很難過；
作品
事務
可是別人不論對我的「行政事務」說什麼，我為什麼都不會動搖嗎？
我可能不知道為什麼。
對，這就是正確答案。

你已經說出答案了。你不知道自己的作品好不好，
繪畫
歌曲
不知道自己有沒有做為作家的「才華」。
所以才會被別人的意見牽著鼻子走。
人會害怕自己不知道的事，
恐怖
而且想要消除這種恐懼。
可是我們必須經過一段時間之後，才能對工作有正確的「評價」。
所以不管別人說什麼，持續下去才是最重要的。
「行政事務」不是要釐清自己不懂的事，而是為了讓自己在不懂的狀態下，
還可以一直持續做下去。

我本來想趕快先讓吉姆看看我昨天寫的東西， 不過我還是先確實執行「行政事務」一個月，每天持續寫作看看吧。	沒錯，就是這樣。 畢竟，你的有趣之處，別人根本不會馬上就懂吧？
或者應該說，不懂才有趣。	為了成為作家而投稿大賽得獎，為了賣畫而加入藝廊，取得明確的資格認證後進大公司成為上班族， 資格認證　　大獎 盡可能讓自己有個明確清晰的未來。
這樣做到底哪裡快樂了？ 絕對安穩 追求絕對安穩的人，總有一天會無聊到想死。	其實大家都誤會了。「行政事務」其實是用來「冒險」的工具。 如果你從不踏上冒險，所謂的行政事務根本就不會存在。

吉姆，你今天很熱情耶。歡迎回來！對了，關於出版書籍的事，我去見了藝術總監角田先生。
結果怎麼了？
他真的是超乎我想像的自由奔放啊。說得誇張一點，
角田さん
那麼自由奔放的人，竟然可以從事設計工作。
他一定也有屬於自己的「行政事務」，只是別人不知道吧。
你可以找機會請他教教你。
所有自由奔放的人都不畏懼冒險，反而樂在其中。而有「冒險」存在的地方，就一定有「行政事務」。
這也就是說，「行政事務」是為了能過自由生活而存在的吧。
「行政事務」就是在一大片土地上畫線，所以什麼都不想，
FIELD
只是墨守成規過生活的人，其實不需要「行政事務」。
對了，見了面之後呢？
我給角田先生看了《0 日圓住宅》，他告訴我一家 Little More 出版社。

那下次你就是要把書拿去
Little More 了吧。
Little More
這是很好的發展，用這種做法，
一定會很順利的。
我也這麼覺得。
接下來怎麼辦？
就乖乖地做下去就好啊。
你需要錢嗎？
你是說出書嗎？
不，出書是為了得到經驗，錢沒
那麼重要。
那你就告訴出版社你不要
版稅。
如果不收版稅，你就得自掏
腰包。
優勢
自掏腰包你就有優勢。
這麼一來——
對方就更容易接受你的要求了。

你的願望將會實現。
你的願望是什麼呢？
感覺好像在許願給「神龍」一樣呢。
我希望我的書可以賣到全世界。
好，那就要先把一般只印日語版的書，
0日圓住宅
日語
0日圓住宅
英語
想辦法做成雙語版。
只要有英語版就夠了嗎？
英語版就夠了。
那合約內容就加上要有英文翻譯，
10%
並且再版時就寫上版稅 10% 吧。
出書加上英文翻譯，還可以從再版的部分收到 10% 版稅，那真是太好了。
我來試著擬合約吧。

就這樣，我就試著打電話到
喂
角田先生告訴我的 Little More 出版社。
接電話的是一位女性。
那個……
您好
我是建築系畢業生，自己編了一本拍攝、採訪街友，有如寫真集的
《0 日圓住宅》的書……
我很希望 Little More 出版社為我出版，
可以請您看看嗎？
拍攝的人是攝影師嗎？
不是，是我自己拍的，我是門外漢。
我們無法為一位不是攝影師的門外漢，出版他拍攝的寫真集。
很抱歉，我現在很忙。
她這麼說之後，就把電話掛了。

唉，對方很果決地
拒絕我了。
那是當然的吧。
那要怎麼辦才好啊！
過一陣子你再打去看看吧。
啊？
因為角田先生都說了，如果是 Little
More 出版社，
角田先生
就可能幫你出書，不是嗎？
我們就相信角田先生的直覺吧。
這也是這次我們的行政事務中，
很自然的做法。
所以我又再打了一次電話。
喂

接電話的人又是剛剛那位女性。
她好像立刻就發現又是我打來的電話了。
其實……有位藝術總監角田先生，
我非常喜歡他的設計，
我聯絡到他，並請他看了我這本書。
結果角田先生叫我拿去 Little More 出版社，
他說這家出版社或許會幫我出書。
角田先生，你是說《HOME》的設計師角田先生嗎？
是的，就是他。
我也不知道還能打電話去哪裡，所以就又打了一次。
……真拿你沒辦法。
我們達成先看看作品再說的共識，
謝謝您。
然後我就把電話掛斷了。

喂,吉姆,你有在聽嗎? 當然有啊,你做得很好。	角田先生原本也說搞不懂,但他還是看了你的作品, 角田先生 所以一切都會順利的。
而且一週後,不就快到前面說的「越後妻有藝術三年展」的 面試日期嗎?	面試時你要做什麼呢? 老實說,面試的內容根本不重要。
不過主考官中有一位中國策展人侯瀚如, 侯瀚如 他可是威尼斯三年展的厲害總監。	我自己編的《0日圓住宅》這本書, 我也想讓他看看。

第 7 講 讓自己思考「我喜歡什麼?」的工具　　145

這樣很好啊。總之先找到一位理解你的人,這很重要。

那音樂呢?

我把之前寫的曲子整理起來,看起來有點像一張專輯了,

所以我到 7-11 彩色列印出封面,做成 CD。

我很喜歡大衛・拜恩(David Byrne)的音樂,

他是臉部特寫(Talking Heads)樂團成員。

所以我想把這張專輯寄去給大衛・拜恩。

那你知道他住哪裡嗎?

大衛・拜恩有一家音樂唱片公司 LUAKA BOP,

我想寄去那裡看看。

那就這麼做吧。

好的,我去寄!

恭平想做的事，或許一般人不是很好懂，
不過你很清楚自己喜歡的是什麼，這樣很好。
「行政事務」只有用在推行「喜歡的事物」時，
喜歡
才能順利發揮作用。
人活著的時候要做的事，其實就是找出自己喜歡什麼，找到之後持續做到死亡那一天而已。
絵
歌
人生，就是這麼一回事。
當然也有除此之外的人生，不過那都很無聊，
只不過是在殺時間而已。
「行政事務」也是讓人去思考
「我喜歡什麼？」的工具

所以我現在的生活目標，就是把書拿去角田先生告訴我的 Little More 出版社，	就是這樣。
在侯瀚如面前簡報，再把專輯寄給大衛・拜恩吧。	可是這麼零散片斷的生活，我真的活得下去嗎？
你前面說你要在哪裡賺錢啊？	那還有什麼問題嗎？
幕張的打工吧。12 萬日圓。	現在沒有。
這就表示，你現在已經建立起現實中最棒的生活了。	你要這麼說也是沒錯啦。

那下週你就把書拿去 Little More，然後在侯瀚如面前簡報， 再把 CD 寄出去吧。	這樣好像真的會變成 最棒的一天耶。
其中有任何你不喜歡的事嗎？ 一點也沒有。	你覺得別人給你的「評價」，是必要的嗎？
我不知道自己有沒有「才華」，不過能夠只做自己喜歡的事，我很興奮。	就是這樣。不論什麼時候，執行行政事務都會讓你的「不知道、不確定」 不受外敵干擾，而且讓你喜歡的東西更為明確。

第 7 講　讓自己思考「我喜歡什麼？」的工具　　149

我開始覺得像我這種無能的人，
好像漸漸在生活中，
也出現機會了。
不只是你喔。
我想這應該可以套用在
所有人身上。
人們欠缺的，往往不是「才華」
「能力」或「運氣」。
才華
運氣
是「行政事務」吧。
恭平，你開竅了。
這是當然的。

由於吉姆的關係， 我終於可以睡得很香了。	一週後我又走到綠道，去看看西瓜的樣子。 西瓜籽發芽了。
那個西瓜籽竟然可以發芽。 我覺得這就是一個奇蹟。	但是我同時又想到這應該就是對西瓜來說的行政事務工作吧， 所以對發芽一事也就不覺得那麼不可思議了。
我只要用自己決定的行政事務，持續做自己喜歡的事就好了。 這麼一來，我想總有一天自然會發芽，就像這顆西瓜籽一樣。	想到這裡—— 我決定先去 Little More 了。

第 8 講

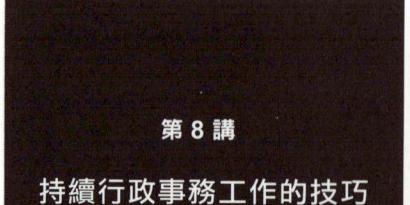

持續行政事務工作的技巧

> 結果如何了?

吉姆一邊喝著我買回來的啤酒,一邊問我。

> 不到 10 分鐘,他們就表示想出版《0 日圓住宅》了。
>
> 他們是這麼說的。

> 看吧,跟我說的一樣。

> 他看了我的自製書,表情十分興奮。

> 真的耶。接電話的人雖然一下子就離席了,
>
> 可是後來來了一位男性。

> 10 分鐘後,他就說他會在企劃會議時提出這本書。

那你把合約交給他了嗎？ 嗯，我交給他了。	雖然被他笑了，不過他也稱讚我一來就是玩真的， 這樣很好。
他叫淺原，原本也是位採訪黑道的社會線記者， （淺原先生） 他說我的風格有點像黑道，他覺得那樣很好。	很好啊。就是這樣。 要求 一開始就說出自己的所有要求，工作就會進展得更順利。
工作不順利，大多是因為沒有一開始就提出要求和確認。 這是最容易發生問題的地方。	還好有吉姆在，我把自己的要求全部告訴對方了。 0日圓 我跟他說版稅0日圓就好。

第8講 持續行政事務工作的技巧

乍看之下，別人可能會覺得你很笨。
不過這樣剛剛好。因為合約也是一種「行政事務」的行為啊。
淺原先生也說，如果是這樣的合約條件，
10%
再版的部分可以給我 10% 的版稅。
反正最後一定會順利的。那翻譯的事呢？
翻譯
最近 Little More 出版社好像要開始拓展海外市場，
川内倫子
他說他們在海外出了一本川內倫子的寫真集。
他們也有打算在海外推出其他作家的作品，
所以我一提到翻譯的事，他立刻說 OK。
太完美了。恭平，你做到了啊！
吉姆如此為我高興，我真的好開心。

既然已經決定出版了,那就要進入下一個階段了。 接下來要做什麼呢?	當然是要開一家公司。 公司
公司? 對,開公司。	可是我沒有想要當一間公司的社長, 社長　藝術家 我想當一個藝術家耶?
天下第一的藝術家們,每位都是公司的社長喔。 啊?真的嗎?	不過,之前說連畢卡索都是事務員了,這件事 我還真的不吃驚了。

林布蘭、魯本斯。	對。他們同時也是公司的社長。
他們都是大師吧。	咦？真的嗎？

對。他們都經營工作室，收了許多弟子，接受有錢人的工作委託。

工作室　圖書館

他們兩人名利雙收後，就不惜代價，大肆蒐集美術品等。魯本斯還蒐集了不少書籍，甚至開了圖書館。

他們就是這樣蒐集資訊、資料，	是的。恭平喜歡的莫內也是……
進一步提升自己的技術吧。	他是印象派的畫家吧。印象派畫家都不是宮廷畫家，而是獨立畫家吧？

| 不是這樣。印象派也有一個合資公司喔。 | 在畢沙羅（Camille Pissarro）的提案下，印象派成立了股份有限公司。 |

什麼？　蛤？

公司名稱是「畫家、版畫家、雕刻家等藝術家的合資公司」。

創立者包含莫內、雷諾瓦、西斯萊、竇加、畢沙羅等人。

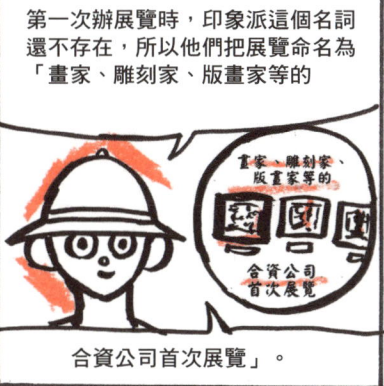

| 這些人不都是印象派的畫家嘛。 對啊。他們還對外公開了這家公司的存在。 | 第一次辦展覽時，印象派這個名詞還不存在，所以他們把展覽命名為「畫家、雕刻家、版畫家等的合資公司首次展覽」。 |

第 8 講　持續行政事務工作的技巧　　157

日本也有這種例子，雖然沒有成立公司，卻幾乎跟公司一樣，
進行集團創作，如運慶、快慶和狩野派等。
對。我好像也聽說過。
其實，他們是有理由才這麼做的，這完全不是無意識的結果喔。
明明是在創作藝術啊。
正因為是藝術啊！
後來的安迪．沃荷、傑夫．昆斯等人也都設立法人，
Andy warhol
Jeff koons
在工作室創作。
反而應該說，這麼做才是藝術的主流。
啊～

說是這麼說啦，不過我們這次
的目的，
並不是要成立集團創作的法人。
我們的目的是成立能持續
「行政事務」的法人。
就是這樣！
所以不用成立規模太大的法人。
社員
員工也只要有你一人就夠了。
既然要成立公司，公司名稱
要怎麼取呢？
不然就模仿「印象派」之前的
公司名稱就好了，如何？
我的公司是「創作文字、邏輯、繪畫、歌曲的公司」，把 KOTOBA（言語）、
RONRI（邏輯）、E（繪畫）、UTA（歌曲）、KOE（聲音）適當地連在一起，
就取名為「KOTORIE」吧。

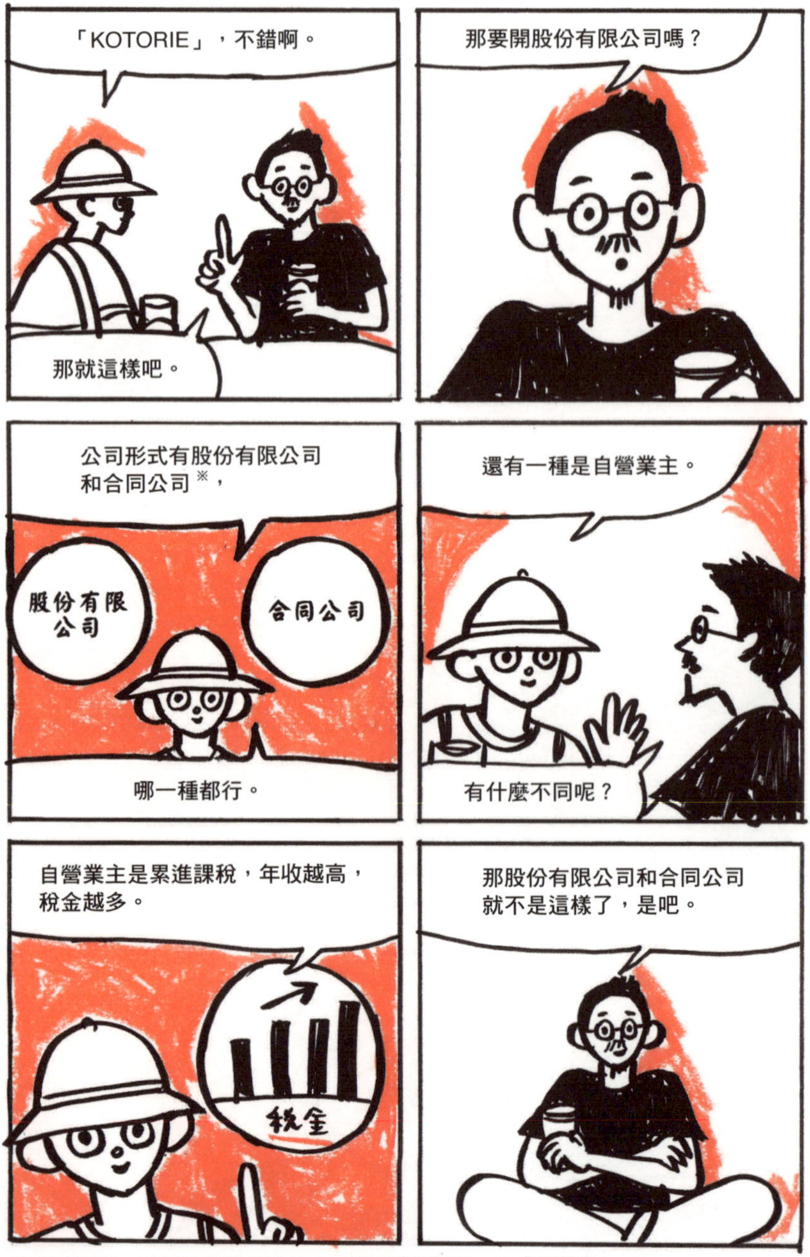

※ 沒有股東，出資人即是「社員」，兼任「出資者」和「經營者」。

是的。不過我們並不打算公開發行股票，把公司做大， 所以我覺得我們開個合同公司就好了。	這樣只要10萬日圓左右就可以了。
反正最後一定會順利的。年收也一定會增加，那還是不要做自營業主比較好吧。	10萬日圓的話，我應該可以努力存到，那就開合同公司吧。 可是要怎麼開呢？
自己辦手續當然也可以， 不過你不想做麻煩的事吧？	我也會代書工作，我就幫你做了吧。 費用就是10萬日圓。

第8講 持續行政事務工作的技巧　　161

啊，所以我要付吉姆
10 萬日圓吧。
這次你可以之後再付。
我不知道如何才能
開一家公司，
也從來沒想過這些事呢。
也沒人會教你啊。
如果有會這樣教人的老師就好了。
不過老師們大都沒開公司，
所以他們也不懂啊。
這次我幫你辦，你只要提交「公司
章程」，也就是記載公司事業目的
的文件，
文件
再把適當的資本金匯入公
司帳戶即可。
怎麼這麼簡單？那為什麼大家
都不開公司呢？
比起在莫名其妙的公司工作，
這樣不是比較好嗎？

第 8 講　持續行政事務工作的技巧

受雇於公司,由公司管理「量」,自己就不用動腦筋去思考, 結果就是錢也變少了。	為了自行管理「量」而成立法人。那收不收版稅也 應該由公司來決定了吧。
對。不過做為公司,還是應該全額收取版稅。 咦?那不就是詐欺了?	不是這樣的。請對方全額匯款, 然後你再全額匯回去給 Little More。
原來如此。這樣就算是投資了。 對。投資的對價就是再版的部分要收取 10% 的版稅。	這麼一來,你的收入就變成 100 萬日圓了。

164　生存所需的行政事務

原來！……可是有收入，那不就表示我必須繳稅？	咦，我還是不太懂，可是開公司好像很有趣耶。
不用不用，只要你支付印刷費用，那就是經費，不用繳稅。	明明是 0 日圓，營收卻變成 100 萬日圓。
這種具體的「量」、「數字」十分重要。 第一年就已經有 100 萬日圓的營收了。	真的耶！太讓人開心了。
開心才會讓人想繼續下去，繼續下去本身就是一種才華，然後最後一定會順利的。 恭平，100 分！恭喜你的大作出版！	不過企劃案還沒被通過，合約也還沒簽。

第 8 講 持續行政事務工作的技巧

這你已經不用擔心了。 連專業編輯都會興奮的作品，這家不出，換家出版社出就好了。	所以我也有賺100萬日圓的能力啊。
就是這樣。	而且我的公司是網羅書籍、美術、音樂的 全方位公司啊。
不論是哪一個領域，營收都有無限的可能性。	我好像越來越快樂了。

最近值得高興的事很多耶。 那你見到侯瀚如了嗎？	對了，去了 Little More 之後，我也去參加了妻有三年展的最終審查了。
就像我們先前行政事務計畫的一樣，真的很棒。	當然。
那最終審查的結果呢？	我讓侯瀚如看了紙本的《0日圓住宅》。 他真的對這本書感興趣耶！

第 8 講 持續行政事務工作的技巧

當然落選了啊！
不過侯瀚如跟我說，書出版後叫我立刻打電話給他。
他還給了我他在巴黎的住址和手機號碼。
又出現了。
數字
具體的「數字」。
他說布魯塞爾即將舉辦先進藝術祭，
藝術祭
他想邀請我去參加。
順利到一發不可收拾啊。
我也把音檔寄給大衛．拜恩了。
你一定也會有機會見到大衛．拜恩的。

照這個樣子下去，你可以去海外，去任何你想去、喜歡去的地方了。 當然這些花費都算是公司經費吧。	對，這些都算是你自己對自己的投資。 投資
真的，我原本很討厭公司的說。 上司真的很討人厭啊。	如果你討厭那樣子的公司，那就自己開一家公司就好啦。 就是這麼簡單。
其實就是把「行政事務」法人化。也就是為了加速自己的 行政事務 「行政事務」，而成立公司。	好好玩耶。

第 8 講 持續行政事務工作的技巧　　169

總之就是為了做自己想做的事，為了持續「行政事務」， 而成立法人吧。	對，就是這樣。 法人化 為了強化「行政事務」而成立法人。
再進一步強化「行政事務」，意思也就是進一步持續只做自己喜歡的事， 然後生存下去吧。	恭平真的很聰明又坦率，吸收力很強。 我很高興。
那我們就去刻法人要用的註冊章吧！ 哇，越來越像一回事了耶，真有趣。	世上有許多行政事務的樂趣。請你好好充分體會一下。

吉姆知道前方有許多樂趣存在。
我也明白這點，
所以更覺得加倍有趣啊。
接下來我要進一步讓你看看，
將想法具體化如何能成為動力，
為你抽象且難以言喻
的力量加油打氣。
好危險啊。這好像是毒品啊。
嗯，我的確也像是「行政事務」
這種毒品的賣家。
DRUG
DRUG
吉姆這麼說了之後，突然站起來，
翻白眼像是喝醉了一樣，
豎起中指。
成立公司正是「行政事務」中
藥效最強的毒品之一。
只要做一次，你的世
界就會大為不同哦。

第 9 講
將行動轉換為
文字和數字
我接到 Little More 打來的電話。
《0 日圓住宅》的企劃案過關了！
那是當然的啊。因為版稅只要 0 日圓啊。
再版部分他們願意給 10% 版稅。
10%
翻譯的提案也過了嗎？
對，不過他們說只能負擔 5 萬日圓的翻譯費。
都零版稅了，真是小氣。
這個金額是不是做不到啊？

沒有什麼事是做不到的。	那怎麼辦才好呢？ 恭平，只要用和你的「行政事務」相同的「方法」去想就好了。
要用5萬日圓請專業譯者翻譯200頁的作品，實在不可能…… 還是請新手來翻？	是啊。不過不懂英語的人做不來，所以還是找個將來想成為譯者的人吧。 目標譯者 像是英文系大學生之類的人。
原來如此，這樣的話，那個人現在立刻就可以 實踐他的「將來的現實」了。	對，所以我想他應該可以接受5萬日圓的酬勞。 就像你也接受0日圓出書一樣吧。

第9講 將行動轉換為文字和數字

不過新手翻譯，會不會出
問題啊。
所以最好再請母語譯者校潤
比較好吧。
那麼是我來做嗎？
怎麼可能。雖然現在是新手，
將來卻打算成為譯者的人，
老師
應該認識母語是英語的翻譯老師。
他們可以接受 5 萬日圓的報酬，
還要包含校潤嗎？
只要你付現，我想他們會願意的。
要是 Little More 願意出這筆
錢就好了。
不過也沒辦法了。
公司無法說付錢就立刻付錢，必須
取得社長等人的核准，
有時也要等到出版 3
個月後才會支付版稅。

第 9 講 將行動轉換為文字和數字

這種沒有餘力，態度古板的公司，遲早有一天會倒閉。 通常是為了怕倒閉，付款能拖一天是一天的小氣公司。	既然不會擔心倒閉…… 預付應該也不是問題。
為了做自己喜歡的事，把付款延後的「方法」，算不上是好的「行政事務」。 舉例來說，以10年後會破產為前提的「行政事務」，根本大錯特錯。	也就是要想像未來公司最好的樣子， 現在應該先來做未來公司會做的事吧。

我從不曾想像過自己的公司會倒閉。

所以我的公司不會倒閉。

這個道理跟植物一樣。 你覺得它會枯萎，它就會枯萎。	也就是在面對植物時，不去想像它會枯萎的「行政事務」。 原來是這樣啊。
即使自己無意識，但植物還是會接收到你認為它會枯萎的想法。 所以我們必須控制自己的無意識。	無意識還可以控制的啊？ 不能。所以你必須用你所有的意識，去影響你的無意識。
也就是將所有的行動，轉換成文字或數字。 就像這張圓餅圖？	對。那也是一種做法。 文字　一天的生活 「行政事務」也可以說是「把行動轉換成文字或數字的工作」。

第9講　將行動轉換為文字和數字

開公司也要比照辦理。
就像我每天下田
工作一樣。
你的田在哪裡？
街上到處都有的植栽園圃就是我
的田。
你果然跟雄介一樣啊。
所以跟我一樣，
也請你每天去公司。
可是我又沒有辦公室……
在家裡就可以了。
自宅
只要稍微布置一下就好。
我是用這張桌子上的
iMac 寫稿的，
那就把這裡當成公司吧。

就用這張桌子四周的空間就可以了。請你仔細打掃乾淨，讓這裡閃閃發光。
OK。
抽屜裡也要清理嗎？
對。請你把裡頭的東西全部拿出來，選出必要的工具，不必要的東西全部扔掉。
我可能從來沒做過這樣的打掃。
確認在公司要使用的工具「數量」，這是「行政事務」的基本工作。
今後只要你購買工作上必須用到的東西，全部都算是經費。
收據
請你一定要拿收據。
感覺越來越像一家公司了，好好玩。
是啊。我們來把行政事務的方法全面導入生活中吧。
「行政事務」就是讓自己能持續做自己喜歡的事的「方法」。也就是說，自己開公司，就像是為了讓「活著」這件事，
能一直快樂地做到死的「綜合行政事務」吧。

這就對了。好了，回到剛剛討論的翻譯外包的事……
外包
不論跟誰交易，委託別人工作時，如果能在契約約定的日期前預付款項，對方一定會幹勁十足地配合。
可是我現在只有 9,000 日圓啊，吉姆……
9,000日圓
無法預付時，就不要拜託別人工作就好了。先來賺到可以
預付的錢吧。
這個月打工 4 天，有 12 萬日圓的收入，扣掉生活費，還剩下 43,000 日圓，不過光這樣還是不太夠啊……
4日×3萬
=total
12萬
還是要再多打工 1 天呢？
吉姆拿著我的電吉他，
悠悠哉哉地彈著。
這音色真不錯耶。

這是我上高中時，父母買給我的。 應該很貴。	你現在有在用嗎？ 在家裡會用。不過在路上唱歌時，我都只用木吉他。
那把它賣掉吧。 啊？	賺錢越早越好。好不容易你都有幹勁了， 如果一天到晚打工，就會搞不清楚你真正想做的是什麼事。
首先先把所有值錢的東西賣掉，整理好這家公司吧。	這臺 iMac，用得到嗎？ 當然要用！

第 9 講　將行動轉換為文字和數字

不過這臺電腦應該可以賣到 5 萬日圓左右喔。Les Paul 可以賣到 10 萬日圓。
5万
10万
剛好，公司設立費和翻譯費加起來是 15 萬日圓。
那我每天要寫稿，要怎麼辦啊？
你就定下時間，然後去網咖寫就好了啊。
為了清出公司的工作場所，我好不容易才把
桌子打掃乾淨了說。
這裡就當成是公司的社長辦公室，然後把網咖當成是你的書房吧。
就跟我的田一樣。
於是我就在吉姆的教唆下，去新大久保的樂器行以及電器行，
把重要的兩個工具賣了，換得 15 萬日圓。
接著就去大學吧。去某間學校的英文系。
我弟弟現在就讀的大學，英文系很強，我去那裡看看吧。

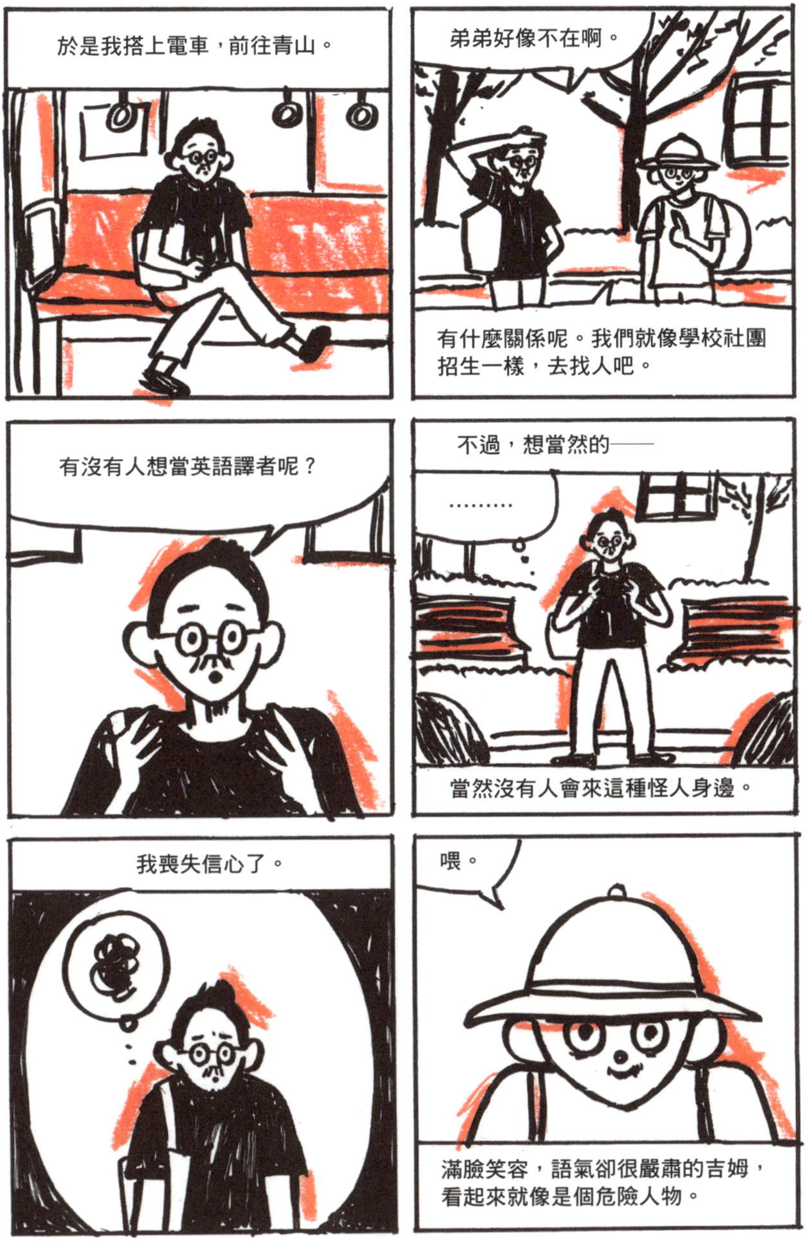
於是我搭上電車，前往青山。
弟弟好像不在啊。
有什麼關係呢。我們就像學校社團招生一樣，去找人吧。
有沒有人想當英語譯者呢？
不過，想當然的——
………
當然沒有人會來這種怪人身邊。
我喪失信心了。
喂。
滿臉笑容，語氣卻很嚴肅的吉姆，看起來就像是個危險人物。

你認真一點好嗎。就算找不到譯者，對你來說有什麼損失嗎？
這可是公司的工作哦。
他說的沒錯。我還沒有意識到這是「公司的工作」。
....
我可能只是在擔心別人取笑我。不過，這可是工作。
這可是我成為讀者遍布全球的知名作家前，
重要的第一步。
我重新振作起來，用膠帶把 5 張 1 萬日圓鈔票黏成一個圈，掛在胸口，
5 萬日圓～！
5 萬日圓～！
然後在校園內走來走去。
那個……
結果有位女性害羞地開口來問我了。
嗯？你想當譯者？你是英文系的嗎？
是。

第 9 講 將行動轉換為文字和數字

你做到了耶。你第一次成功地外包工作了。
我也請她在翻譯費 5 萬日圓的收據上簽名了喔。
付錢給別人，感覺真好。
雖然從別人手裡拿到錢很愉快，但付錢給別人也很開心哦。
不過這筆錢在 Little More 出書後，再跟他們收。
請求書
因為你只是先代墊，預付出去而已。
對哦對哦。
這麼一來就解決雙語的事了。接下來就來想如何在海外賣書的「方法」吧。
咦？這麼突然？
是啊。你在日本是名人嗎？
不是，只是個無名小卒。
那最好先做好書賣不好的打算哦。

第 9 講　將行動轉換為文字和數字

那就必須要開拓海外銷售
通路才行。
不是要從離我最近的
日本開始嗎？
在日本的話，
很可能不會順利。
那應該去美國？
英國？
不論哪個國家，
順利的可能性都很低。
那要怎麼辦啊？
不論哪裡，世界上一定有國家
可以接受你的。
恭平，你喜歡披頭四吧？
THE BEATLES
嗯，我超愛他們的。
你喜歡哪首曲子？

那當然是《橡皮靈魂》（*Rubber Soul*）專輯收錄的〈You won't see me〉，以及《左輪手槍》（*Revolver*）專輯收錄的〈Got To Get You Into My Life〉啊。
蛤？
那《披頭廉售》（*Beatles For Sale*）專輯收錄的〈Baby's In Black〉呢？
FOR SALE
你總該聽過這首吧？
那是什麼？
咦？等等，莫非我現在是在一個沒人知道披頭四的平行世界裡嗎？
不，我當然知道披頭四。
HEY JUDE
LET IT BE
像是〈Hey Jude〉〈Let It Be〉等。
那些曲子也不錯，可是我剛說的那 3 首更好。你認真聽一下嘛。
我想很多人不知道那幾首歌吧。
也就是說，不論多麼沒有名氣的曲子，也會有人喜歡。

呃……你不要把我和披頭
四相提並論啦。
不，我會放在一起看喔。
因為喜歡坂口恭平的作品的人，
現在你面前就有
一位啊。
而且世界上某個角落裡，一定也有
像我這樣的好奇寶寶存在。
如果還有英語翻譯，
這個可能性就更大了。
哪個國家都行，只要把書送去。
我們就到全世界跑業務吧。
怎麼做？
只要去大家會齊聚一堂的地方
就好了。
每年德國法蘭克福都會舉辦一場全球
最大規模的書展。你就去參加吧。

怎麼說著說著，
事情越搞越大了啊。
書都還沒出的說。
只要決定要出版，
就沒有問題了。
而且……你之前說出書後，
下一步你想做什麼呢？
啊，侯瀚如！
那你也跟他聯絡
看看吧。
你是叫我去法蘭克福，也要去
布魯塞爾？
當然。你不需要因為沒人知道你，
就畏縮不前。
對我來說，你就跟披頭四一樣。
你們有幾乎一樣的價值。除了我
之外，
THE
BEATLES
世界上一定也有其他人這麼
想。「喜歡」具有顛覆全世
界所有常識的力量。
披頭四不是也說了嗎？
ALL YOU
NEED
IS
LOVE

第 10 講

快速決策並執行想做的事

—我打電話給侯瀚如了。

—他怎麼說呢?

—「你這傢伙是玩真的啊」,還叫我現在立刻去巴黎。他非常高興地說。

—那太好了,我們就去吧。但我沒錢啊。

—你手邊不是還有 10 萬日圓?

—是啊,可是那不是為了成立公司的⋯⋯

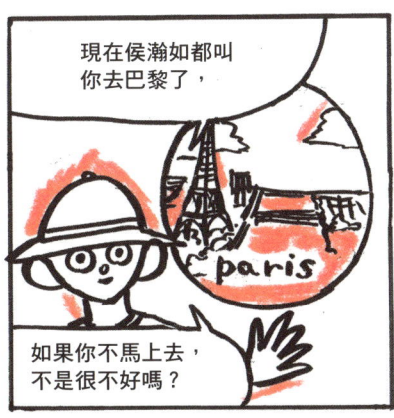

別這麼不乾不脆的。成立公司需要的錢， 我可以先替你墊，沒問題的。	現在侯瀚如都叫你去巴黎了， 如果你不馬上去，不是很不好嗎？
「行政事務」之所以存在，就是為了讓你能把想做的事排在第一順位，立刻決策並執行。 行政事務 你也很想去吧？	說的也是。不過一講到「行政事務」，總是難免會想到家計簿、 寫收據或請款單，統計每個月需要多少錢、賺多少錢之類的……
那樣的「行政事務」是最無聊的。 那種人就是裝得一副藝術家的樣子，錢花光了就垂頭喪氣。	那你要去巴黎嗎？ 嗯，我想去！

第 10 講　快速決策並執行想做的事　　**193**

我有一位朋友小林，他是中國人，在大久保賣折價票券，
小林
你現在就立刻去找他吧。
只要有吉姆在，事情就好辦了。
然後因為你也想去法蘭克福的書展，你就買成田．巴黎的來回機票，
成田～巴黎
然後坐電車移動到法蘭克福吧。
總共大約需要多少錢啊？
如果跟小林買機票，來回 8 萬日圓，電車來回 1 萬日圓吧。
那我不就只剩下 1 萬日圓？
1 萬
住宿要怎麼解決啊？
恭平只要帶著吉他去，在路邊演奏，
1 天也可以賺 1 萬日圓吧？

如果是在澀谷，是有可能啦。	那你就在巴黎這麼做吧。 你是認真的嗎？
生活費就在當地自己賺。 住宿……你有朋友在巴黎嗎？ 我有一個在斯特拉斯堡 - 聖但尼（Strasbourg - Saint-Denis）留學的朋友。不過她是女生……	那你就去跟她借住吧。 巴黎的住宿就這樣解決了。
恭平是為了「工作」才出差去巴黎， 並非沒有目的地去海外玩。	嗯。而且侯瀚如可是非常時髦的中國人， 他應該認識一些有趣的場所和人。

第10講 快速決策並執行想做的事　195

你就把這些資訊全部蒐集回來吧。越聽越有趣，連我都想去了。
你也要來嗎？
吉姆在巴黎也有朋友嗎？
paris
沒有。不過我跟每個人都可以很快地成為朋友。
我想我在巴黎一定也幫得上恭平的忙喔。
我感覺好安心。
我非常歡迎吉姆一起去。
那去巴黎的機票就由我來買吧。
BOOKFAIR
你就做好準備去參加法蘭克福的書展。
那要怎麼做？

我想，法蘭克福書展應該也有日本人參展。
comic
畢竟最近日本的漫畫很紅。
原來是這樣。不過 Little More 好像沒有在書展擺攤位。
明明它家的書在海外很受歡迎的說。
請你去問問 Little More，他們是如何把書賣到海外去的。
對哦。我來打電話問問。
我立刻打電話給 Little More 業務部。
Little More 業務部
現在才要出書的人，就已經想著要把書賣到海外去了嗎？我被對方取笑了我一下。
……
…
哈
不過這也是沒辦法的事。
然後呢？

雖然被他取笑了，不過他還是很客氣地告訴我了。 看來 Little More 並沒有主動積極推銷自家作品。	哦。那書是怎麼賣到海外去的啊。

業務部的人似乎也不清楚，不過好像和一家總部在荷蘭的「IDEA BOOKS」公司有關。

「IDEA BOOKS」這家公司的工作，好像就是在全世界網羅別緻的書，然後把這些書分銷到各地。

也就是選書人的角色吧。	你一定要跟他們見面聊聊。 就利用你去法蘭克福的時候，直接跟他們見面交涉吧。

不用事先約時間嗎？ 既然是書展，你只要買門票就可以進去了。	你只要帶著《0日圓住宅》這本自製書去，一定有辦法的。 確實，這本書真的很可愛。
書展裡到處都是印刷廠出來的書。	說不定你的書反而會成為焦點呢。在世俗的場合追求非世俗的邂逅， 這種異想天開的人還出乎意料地多呢。
恭平，請你想像一下，假設你是一位年收入約1,500萬日圓的 「IDEA BOOKS」超級業務員吧。	真好耶。我是全世界飛來飛去， 四處尋找精緻書籍的日本人。

我雖然不會說英語，只能用日語開會，但我的眼光很好，
薪水很高，應該很受大家喜愛。
很好。你的想像力很豐富。
這樣的你在書展上，看到一位外表像流浪漢的人，拿著一本自製書來找你。你會想看看嗎？
當然會。面對一堆不懂書的生意人，讓我覺得很無聊。這個時候如果有一個人，
拿著一本好像很有趣的自製書來，我甚至會自己去跟他說請讓我看看。
看吧，你已經可以想像了。這件事是不是好像可行了？
真的耶。
「行政事務」順利進行時，一定也會順利推動重要的環節。
眼光也是重要環節之一。
以美術來說，恭平的重要環節就是侯瀚如。
侯瀚如
這個人就是關鍵。

重要環節很庸俗的藝術祭最糟糕了。不過歐洲和日本不同,不會犯這種錯。 **藝術祭總監** 不時髦的人基本上不可能成為藝術祭的總監。	「行政事務」都已經順利進展到這個地步了,到了書展, 你一定也會被「IDEA BOOK」公司注意到。
只要確實執行「行政事務」,原本就不需要事先約時間。 也就是只要彼此都是做自己想做的事的人,見面時自然就是交流的時候。	沒錯。不過只有你真正在做自己想做的事,而且是想持續一輩子的事, 快樂、高興、帶著喜悅,也就是持續執行「行政事務」,才會出現這樣的瞬間。
只要用這樣的精神前進法蘭克福, 你一定會發現一般旅行者看不到的世界時空。	那麼,明天, 你就立刻去機場吧。

一切順利的時候，事情就好辦了。當天我們就買了去巴黎的機票，
第二天吉姆和我就搭便車前往成田機場。

我們的錢並不充裕，所以要盡可能地減少經費支出，	抵達成田機場。謝謝你！ Narita Term
而且為了賺錢，我還決定帶吉他去。	我們走下車。

吉姆和我拿著護照，	吉姆和我的座位是分開的，
辦好報到手續。	所以我們進了機門就各走各的了。

生存所需的行政事務

在小林的幫助下， 吉姆搭乘的是法國航空的商務艙。	我則是搭經濟艙。 Water please? Thank you.

飛行期間我看著窗外的天空，
邊聽著披頭四的《白色專輯》。

經過約 15 個小時的飛行，飛機終於要降落了。 請繫好您的安全帶。	我和吉姆終於踏上 法國戴高樂國際機場。

我們前往車站
以便搭地鐵移動。
恭平，接下來我們要逃票搭車，
請你跟緊 Tommy 這位黑人。
啊？
我們沒錢啊。
你就把 Tommy 當成神，
跟緊他吧。
我看到 Tommy 跳過剪票口，
我也學他跳了。
可是我的腳卻勾到閘門摔倒了。
旁邊的法國人看了大笑。
不過沒有人責怪我。
因為 Tommy，讓我們順利搭上
了地鐵。
Il n'y a pas
de quoi.
Merci,
Tommy.
Tommy 就是神。

我們就這樣抵達了巴黎。	我好久沒來巴黎了。 我真的很高興。恭平，接下來要去哪裡？
11區好像有一家咖啡廳 Cafe Charbon，開在新藝術運動時代的建築物裡。 聽說只要到那家店，跟櫃臺說要找侯瀚如，男服務員就會打電話給他。	那我們就立刻出發吧。 這趟旅程好酷哦。
我手拿著自製書，揹著吉他。吉姆和我都沒帶換洗衣物， 因為我們覺得那太麻煩了。	不過我覺得旅行變得有趣了。快樂的時候只會遇到快樂的人。 遇到 Tommy 神就是這個道理。我確信接下來自己一定會很幸運。

第 10 講　快速決策並執行想做的事　　205

第 11 講

最後一定會順利的，如果還不順利，那就還沒到最後

就是那裡了。
Cafe Charbon。

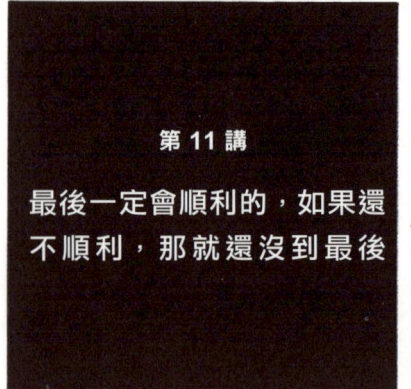

吉姆手指的方向，有一家咖啡廳。

髒髒的遮陽棚上

寫著 Cafe Carbon。

店外也有座位，大家都聽著音樂

一邊啜飲咖啡，一邊聊天。

我推開店門走進去。

Hi!

立刻有人跟我打招呼。

小個子的中國人侯瀚如

恭平！

已經坐在那裡了。

侯瀚如是一位很爽朗的好人。
該怎麼說呢。我覺得他有點輕浮。
恭平啊，你真是個有趣的傢伙。有趣到我都不知道該怎麼形容你才好。
所以你想做什麼呢？
我自己也不太清楚啊。我也想畫畫，寫文章，唱唱歌，也想從事預防自殺的活動，也想當總理大臣。
不錯啊，很好啊。那樣的時代總有一天，不，應該說已經到來了。恭平你就適合那樣的時代啊。
聊著聊著……
我好像有了前所未有的感觸。
我說的話不被當成是做夢，在現實中真的有人認為「當然啊，那就是現在啊！」
這實在讓我覺得很舒服，很有趣。

現在比利時的布魯塞爾很有趣。
BRUSSELS
PARIS
而且只要兩個小時就可以去倫敦、阿姆斯特丹、巴黎。
那邊正要開始舉辦阿爾戈斯藝術祭（Argos Festival），
我有幸擔任總監。
我決定要展出你的作品。
咦？這麼突然？
嗯。展覽 10 天後開始。現在全球的策展人和收藏家都已經蜂擁而至。
恭平也立刻來布魯塞爾吧。哈哈。
我原本打算在巴黎停留幾天，然後去法蘭克福。
如果是在那之後……
這樣啊。那你去巴黎也去見見傑洛姆吧。
傑洛姆？

傑洛姆是現代美術館東京宮的館長。

Palais de Tokyo

東京宮在法國剛開幕。

你去見見傑洛姆，說不定有什麼特別的機會。

還可以賺點零用錢。

侯瀚如一邊說，一邊立刻打電話給傑洛姆，

告訴他我不久後會去找他。

那就10天後布魯塞爾見。

事情辦完後，侯瀚如立刻起身離開，把座位留給我和吉姆。

侯瀚如這個人好像有點怪啊。

不，他是一個很正經的人。

所以我要去參加10天後開展的藝術祭嗎？

當然去。我們也立刻去見傑洛姆吧。

於是，為了去見傑洛姆， 我和吉姆就搭電車前往東京宮。	在阿爾瑪橋（Pont de l'Alma）車站 下車後，塞納河印入眼簾。
啊，我真的來到巴黎了啊。 心中突然湧現這種想法，我想起國中時自己畫的畫。	那張畫畫的是艾菲爾鐵塔和塞納河， 還有在河畔作畫的自己。
國中時我的夢想就是成為藝術家。 國小時我的夢想則是成為建築師。	因此我才會進入早稻田大學建築學系就讀， 也會在家中作畫。

經由實驗,我學會了以下這件事。	我覺得我小時候的夢中所見,
	好像就跟現在一模一樣。

一個人若能自信地朝夢想的方向前進,
努力經營自己嚮往的生活,

就可以獲得比一般還意想不到的成功。

看著吉姆,我真的也有這種感覺了。

這是《湖濱散記》這本書的作者亨利．大衛．梭羅的名言。
咦，梭羅還說過這種話啊。我很喜歡。
我還是小學生的時候，就想著自己長大之後要當建築師或藝術家。
我問了高中老師成為建築師的「方法」，結果他不知道。我當時還很生氣呢。
日本學校的老師不知道自立生活之道。
他們不了解的。
吉姆說話總是這麼不留情面。
當然啊，因為那些人都是靠我們付的錢過日子的嘛。
從「行政事務」的觀點來看，他們並不是老師。

哈哈，你這麼說，我聽得好痛快。

我把20年來的建築雜誌全翻閱了一遍。

總之，我覺得只能靠自己找老師了，於是我就去了圖書館。

這是一種很棒的行政事務實踐耶。

為了找出自己的路，就必須先找出前輩走過的路。

不然就會走在和前輩一樣的道路上，卻還誤以為這是自己原創的道路，口出狂言，這種做法是錯的。

其實我們有的只是「獨家的行政事務」而已。

這是梭羅教我們的。

第11講　最後一定會順利的，如果還不順利，那就還沒到最後　　213

自己調查後做成的「行政事務」，反映出作品和那個人的人生，
事務
連肉眼不可見的部分，都會傳達給別人知道。
就算做出完全一樣的東西，有經歷過「行政事務」，
和沒有經歷過「行政事務」的淬鍊，截然不同。
我以前跟你說過杜象的事吧。
嗯。就是展出小便斗的那位藝術家吧。
我看過那件作品實物，東西本身真的就是一個小便斗而已。
Duchamp
不過因為經歷過「行政事務」，所以進入藝術的境界。
我們雖然知道這個作品，但其實
並沒有真的親眼見過那個小便斗吧？
對啊，我是看照片知道的。
「泉」

那是美國攝影師阿爾弗雷德·史蒂格利茲的作品。 我也以為那張黑白照片就是藝術。	杜象在 1915 年為了逃離第一次世界大戰的戰火，移居美國。 他在美國與史蒂格利茲相遇了。

史蒂格利茲被尊稱為現代攝影之父，是一位超一流的攝影師。他還設計出一個環境，讓照片不再只是記錄的媒體，晉身為藝術作品，在全世界流通。

他也是第一位向美國人介紹畢卡索的人。

史蒂格利茲出生在富裕的家庭， 從小就浸淫在藝術中。	他家人就是收藏家。而他自己數學很好， 還在柏林工業大學研究工學，也就是建築。

第 11 講　最後一定會順利的，如果還不順利，那就還沒到最後

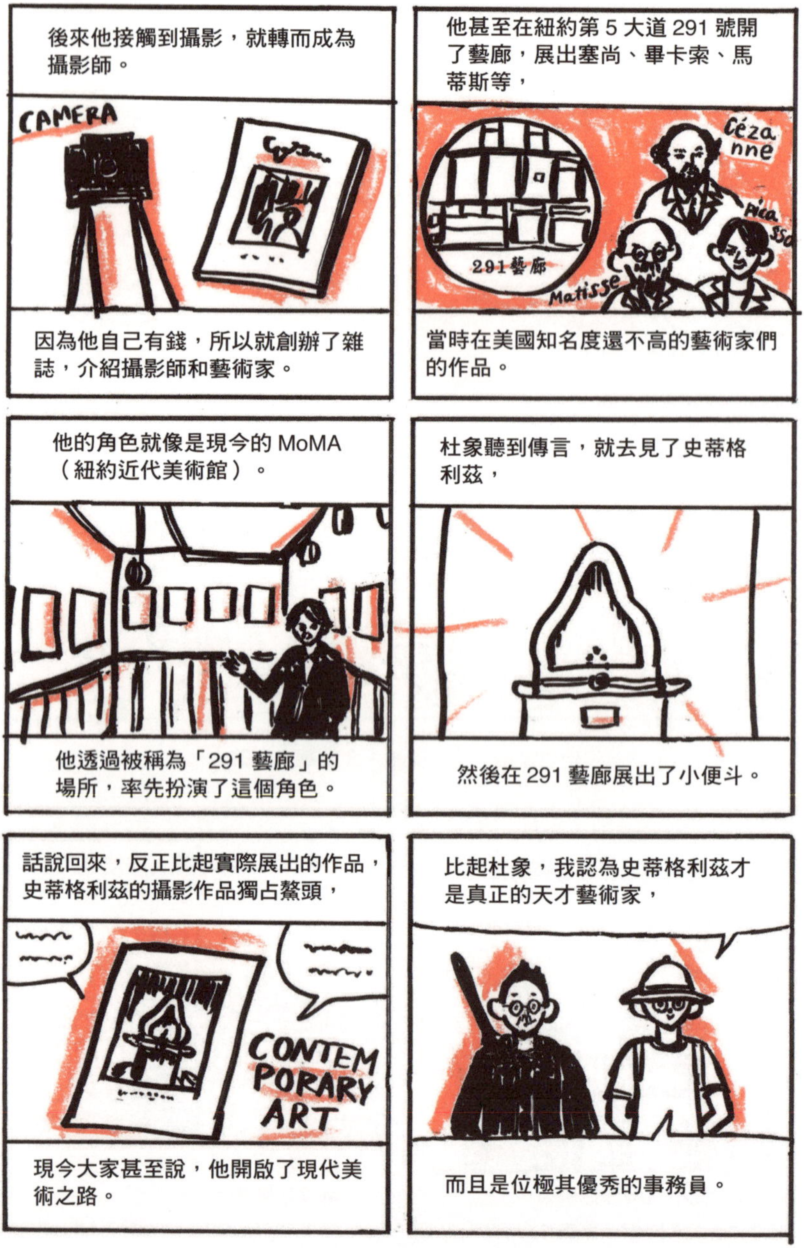

後來他接觸到攝影，就轉而成為攝影師。	他甚至在紐約第5大道291號開了藝廊，展出塞尚、畢卡索、馬蒂斯等，
因為他自己有錢，所以就創辦了雜誌，介紹攝影師和藝術家。	當時在美國知名度還不高的藝術家們的作品。
他的角色就像是現今的 MoMA（紐約近代美術館）。	杜象聽到傳言，就去見了史蒂格利茲，
他透過被稱為「291藝廊」的場所，率先扮演了這個角色。	然後在291藝廊展出了小便斗。
話說回來，反正比起實際展出的作品，史蒂格利茲的攝影作品獨占鰲頭，	比起杜象，我認為史蒂格利茲才是真正的天才藝術家，
現今大家甚至說，他開啟了現代美術之路。	而且是位極其優秀的事務員。

好了，我們到了。
東京宮。

這棟建物前面的道路，原名「Avenue de Tokio」（東京大街），

所以這棟建物才會被稱為東京宮。

二次大戰後，因為日本是敵對國家，所以路名就被改成了「紐約大街」了。

紐約大道

不過這棟建物還是保留原本的名稱，也就是東京宮。

建物本身原本是 1937 年配合巴黎萬國博覽會

而建的近代美術宮殿。

這和剛剛史蒂格利茲的事好像也扯得上關係啊。

你的「行政事務」介紹實在太厲害了。

第 11 講 最後一定會順利的，如果還不順利，那就還沒到最後

我們趕快進去吧。恭平還是默默無聞的藝術家呢。
我們先去售票處看看吧。
該不會剛好遇到公休日進不去吧。
一定沒問題的。
你忘了我們的「通關密語」嗎？
反正最後
一定會順利的！

生存所需的行政事務
結束

後 記

2024 年 3 月 18 日執筆

坂口恭平

　　這本書描繪的是我 20 年前的生活。當時我的第一本書即將出版，我試圖將那一刻自己所思考的一切，放入本書中。當時我的工作完全賺不到錢，好不容易第一本書即將出版，但我也不覺得自己能夠一直寫下去。

　　然而不知為何，我內心總有一種毫無根據的信念，總認為「一定會順利的」。就算遇到問題，我也覺得只要按照發生的順序，一件一件地解決，就死不了人，一切都會沒問題的。我之所以能這樣想，是因為有吉姆的存在。

　　雖然在現實世界裡，吉姆並不是一個肉眼可見的存在，但在我的心裡，他就像一位虛擬朋友，一直陪伴著我。當時我沒有任何靠山，也沒有任何支持者，幾乎要被不安壓垮。我想吉姆的誕生，就是為了鼓舞這樣的自己吧。

　　即便到了現在，吉姆依然存在我心中。我們兩個人一直相互扶持，活到現在。我試圖寫下在那之後，我和吉姆採取了哪些行動。

　　因為有了侯瀚如的介紹，我見到東京宮的館長時，受到了熱情的接待。那時我才意識到「介紹人是誰」非常重要。雖然最終沒有實現在美術館舉辦展覽的計畫，但館長向我推薦了一本前衛的巴黎雜誌，結果他們為我做了一個長達 10 頁的專題報導。不過，這是沒有報酬的。

　　吉姆說：「沒報酬也沒關係，就當是向全世界介紹自己作品的宣傳費吧。」之後，我跑遍倫敦和巴黎所有主要的書店，努力推銷我的書，接著還去了法蘭克福書展喔。這一路走來都是自費，我拚命打工，

才籌到去那裡的錢。但只要親自到現場，一切就會變得明朗，也會開始改變。

在書展上，我不斷地向各種人展示我的書。最終我的書被擺放在紐約 MoMA，而這本書又被溫哥華美術館的策展人布魯斯（Bruce）發現了。他竟然親自來到我在高圓寺的四疊半榻榻米的小房間，然後一年後，我便在溫哥華舉辦了個人展覽。

我的書雖然在日本出版了，但因為沒有知名度，當然賣不出去。即使如此，我除了出版書籍之外，還因為遇見巴黎的侯瀚如以及溫哥華的布魯斯，讓我活躍的舞臺，拓展到歐洲和加拿大的美術世界。

我在各地參展，不過在美術原則已經定型的歐洲，慘遭滑鐵盧。但是在溫哥華，我想同時兼顧建築、美術與出版的想法，可能剛好適合這個地方的風土，當地市場接受了我這個美術家。甚至有人喜歡我每天在房間裡畫的畫，一張畫就賣了 50 萬日圓。我在日本幾乎沒有活躍的舞臺，也賺不到錢，可是每年溫哥華的人會向我買 10 張左右的畫。所以我雖然在日本沒有名氣，卻過著一年賺 500 萬日圓的生活。

因此雖然我在日本混得不好，但還是可以辭掉打工。這麼一來，我就放飛自我了。我開始依照我和吉姆擬定的未來生活計畫，照表操課。每天寫 10 張原稿，畫一張畫，也開始作曲。

當然這些作品除了溫哥華之外，完全沒賣出去。不過我的目的也不是要賣出去，而是要想辦法持續自己描繪的生活型態。因為能持續過這樣的生活，我就很高興了。

後來發生了東日本大地震，我因此在 2011 年回到故鄉熊本，重新開始生活。我也結了婚，有了小孩。我看到大地震時政府的混亂，和吉姆討論後，決定自己建立一個新的政府。我開始從事名為新政府的活動，2012 年並將這些經過彙整成一本書，書名為《第一次自己建國就上手》，結果賣出 6 萬本左右。一本書定價為 900 日圓，所以一本書的版稅為 90 日圓。賣出 6 萬本，所以版稅收入為 540 萬日圓。再加上一年賣出 500 萬日圓的畫作，自從我和吉姆相遇的 2001 年開始，經

過將近 10 年，我真的跟自己規畫的一樣，年收入超過 1,000 萬日圓了。

後來又過了 12 年，我的收入一年比一年高。一開始是自營業主，現在則是株式會社 KOTORIE 的代表。公司員工只有我和妻子兩人。現在我女兒和兒子也開始寫歌、畫畫，銷售他們自己的作品。

我自己出版書籍，自己成立美術館賣畫。我幾乎沒有物欲，只有源源不絕的創作靈感，所以錢不會減少。就像吉姆說的一樣，我把剩下來的錢全部存起來，當成今後的活動資金。現在的狀況是，就算我 10 年都沒有收入，我也可以每天 24 小時都專注在創作上。

現在的我寫書，畫畫、唱歌、拉坏捏陶、出料理書籍、織毛衣⋯⋯越來越成為一個在別人眼中「莫名其妙的人」。不過因為我徹底落實行政事務，我一點也不在意別人是怎麼看我的。

只要是自己想做的、喜歡做的事，我會投入比別人更多的時間，比別人更貪心地去做，所以做得好，也是理所當然的結果。就算一開始賣不出去，當你持續做出 1,000 個左右，不管是什麼東西，自然都會有人喜歡，成為生活的糧食。我藉由持續走來的經驗，親身體會到這件事。

2012 年我開始了「Inocchi 電話」服務，為想自殺的人們服務。服務內容很簡單，我公開了自己的電話號碼 090-8106-4666，讓別人 365 天、24 小時隨時都可以找到我。現在我一天要接 15 個人的電話，一年接 6,000 人左右的電話。這項服務當然是不收費的。這也是吉姆教我，我才開始落實的事。

我已經聽了 5 萬人左右的聲音。我會對有死意的人說什麼呢？你猜對了，電話雖然是我接的，但我告訴他們的卻是本書中吉姆告訴我的內容。或許我也可以安慰那些有死意的人，不過我更想將行政事務的美好，傳達給這些人知道。因為這樣一來，他們的生活本身就會開始改變。

20 年前我擬定了一個目標，就是要想辦法靠自己的作品營生。因為吉姆的存在，10 年後我達成了自己的目標。現在我也常跟吉姆討論

接下來該怎麼做。我告訴吉姆,「接下來的 20 年,我想讓自殺人數降為 0」。吉姆深表同意,並叫我朝著目標擬定計畫。我和吉姆的故事應該還沒到終點,或許反而應該說現在才正要開始。

希望各位讀者閱讀本書之後,也能試著喚醒你心中的吉姆。他一定會出現的。

思考行政事務這件事,其實就是實現你從小真心想做的事的方法。不論是誰,都一定有他想實現的事。只要你不忘記這件事,你的吉姆一定會教你許多快樂的創意。

國家圖書館出版品預行編目（CIP）資料

生存所需的行政事務：時間是武器，金錢是燃料，想靠喜歡的事活下去，只需要一點「管理」技術！／坂口恭平著；道草晴子繪；李貞慧譯. -- 初版. -- 新北市：方舟文化，遠足文化事業股份有限公司，2025.07
224 面；14.8 × 21 公分

ISBN 978-626-7596-97-5（平裝）

1.CST：自我實現 2.CST：生活指導

177.2　　　　　　　　　　　114007353

方舟文化官方網站　方舟文化讀者回函

職場方舟 0036

生存所需的行政事務
時間是武器，金錢是燃料，想靠喜歡的事活下去，只需要一點「管理」技術！

作者 坂口恭平｜繪者 道草晴子｜譯者 李貞慧｜主編 張祐唐｜特約編輯 丁尺｜校對編輯 李芊芊｜封面設計 林彥君｜內頁排版 陳相蓉｜特約行銷 徐千晴｜總編輯 林淑雯｜出版者 方舟文化／遠足文化事業股份有限公司｜發行 遠足文化事業股份有限公司（讀書共和國出版集團）　231 新北市新店區民權路 108-2 號 9 樓　電話：（02）2218-1417　傳真：（02）8667-1851　劃撥帳號：19504465　戶名：遠足文化事業股份有限公司　客服專線：0800-221-029　E-MAIL：service@bookrep.com.tw｜網站　www.bookrep.com.tw｜印製　中原造像股份有限公司｜法律顧問　華洋法律事務所　蘇文生律師｜定價　420 元｜初版一刷　2025 年 07 月

IKINOBIRU TAME NO JIMU
Copyright © Kyohei Sakaguchi, Haruko Michikusa 2024
Originally published in Japan in 2024 by MAGAZINE HOUSE Co.,Ltd. TOKYO,
Complex Chinese Translation copyright © 2025 by Ark Culture Publishing House, a division of Walkers Cultural Enterprise Ltd. arranged with MAGAZINE HOUSE Co.,Ltd. TOKYO, through Japan UNI Agency, Inc., TOKYO and AMANN CO., LTD., TAIPEI

有著作權．侵害必究. 特別聲明：有關本書中的言論內容，不代表本公司／出版集團之立場與意見，文責由作者自行承擔。缺頁或裝訂錯誤，請寄回本社更換。歡迎團體訂購，另有優惠，請洽業務部（02）2218-1417#1124